# O Que é o Espiritismo

**ide**

FICHA CATALOGRÁFICA

(Preparada na Editora)

Kardec, Allan, 1804-1869

K27q      *O Que é o Espiritismo* / Allan Kardec; tradução de Salvador Gentile, revisão de Elias Barbosa. *O Espiritismo em sua Mais Simples Expressão* / Allan Kardec; tradução de Salvador Gentile. *Resumo da Lei dos Fenômenos Espíritas* / Allan Kardec; tradução de Salvador Gentile. Araras, SP, IDE, 76ª edição, 2021.

192 p.

ISBN 978-65-86112-16-0

Tradução de: Qu'Est-Ce que le Spiritisme, Edição ĽU.S.K.B., 1958; Le Spiritisme a sa plus Simple Expression, Edição ĽU.S.K.B.; e Résumé de la Loi des Phénomènes Spirites (Paris, Avr. 1864, Chez Didier et Cie).

1. Espiritismo I. Gentile, Salvador, 1927-2018  II. Barbosa, Elias,1934-2011 III. Título.

CDD-133.9
-133.91
-133.901 3
-236.2

Índices para catálogo sistemático:

1. Espiritismo 133.9
2. Espíritos: Comunicações mediúnicas: Espiritismo 133.91
3. Vida depois da Morte: Espiritismo 133.901 3
4. Estado Futuro do Homem (Vida depois da Morte) 236.2

# O que é o Espiritismo

## CONTENDO AINDA:

### O Espiritismo em sua mais simples expressão

e

### Resumo da lei dos Fenômenos Espíritas

Títulos originais:
*QU'EST-CE QUE LE SPIRITISME*
(Edição L'U.S.K.B. - 1958)

*LE SPIRITISME A SA PLUS SIMPLE EXPRESSION*
(EDIÇÃO L'U.S.K.B.)

*RÉSUMÉ DE LA LOI DES PHÉNOMÈNES SPIRITES*
(PARIS, AVR. 1864, CHEZ DIDIER ET CIE.)

Tradução:
*Salvador Gentile*

Revisão da tradução:
*Elias Barbosa*

Índice Analítico:
*Hércio Marcos C. Arantes*

© 1974, Instituto de Difusão Espírita

76ª edição - março/2021
5ª reimpressão - março/2025

Conselho Editorial:
*Doralice Scanavini Volk*
*Wilson Frungilo Júnior*

Produção e Coordenação:
*Jairo Lorenzeti*

Capa:
*Samuel Carminatti Ferrari*

Diagramação:
*Maria Isabel Estéfano Rissi*

Parceiro de distribuição:
*Instituto Beneficente Boa Nova*
Fone: (17) 3531-4444
www.boanova.net
boanova@boanova.net

INSTITUTO DE DIFUSÃO ESPÍRITA - IDE
Rua Emílio Ferreira, 177 - Centro
CEP 13600-092 - Araras/SP - Brasil
Fones (19) 3543-2400 e 3541-5215
CNPJ 44.220.101/0001-43
Inscrição Estadual 182.010.405.118
www.ideeditora.com.br
editorial@ideeditora.com.br

# SUMÁRIO

## O que é o Espiritismo

# O Espiritismo em sua mais simples expressão

# Resumo da Lei dos Fenômenos Espíritas

# O que é o Espiritismo

Introdução ao conhecimento do mundo invisível pelas manifestações dos Espíritos, contendo o resumo dos princípios da Doutrina Espírita e a resposta às principais objeções.

Por

*Allan Kardec*

# Preâmbulo

As pessoas que não têm do Espiritismo senão um conhecimento superficial, são naturalmente levadas a fazer certas indagações, às quais um estudo completo lhes daria, sem dúvida, a solução. Mas o tempo e, frequentemente, a vontade, lhes faltam para se consagrarem às observações continuadas. Quereriam, antes de empreender essa tarefa, saber ao menos do que se trata e se vale a pena dela se ocuparem. Pareceu-nos útil, pois, apresentar, em um quadro restrito, a resposta a algumas das questões fundamentais que nos são diariamente dirigidas. Isso será, para o leitor, uma primeira iniciação e, para nós, tempo ganho pela dispensa de repetir constantemente a mesma coisa.

O primeiro capítulo contém, sob a forma de diálogos, respostas às objeções mais comuns da parte daqueles que ignoram os primeiros fundamentos da Doutrina, assim como a refutação dos principais argumentos dos seus opositores. Essa forma nos pareceu mais conveniente, porque não tem a aridez da forma dogmática.

O segundo capítulo é consagrado à exposição sumária das partes da ciência prática e experimental, sobre as quais, na falta de uma instrução completa, o observador novato deve dirigir sua atenção para julgar com conhecimento de causa. É de alguma forma o resumo de *O Livro dos Médiuns*. As objeções nascem, o mais frequentemente, de ideias falsas que são feitas, *a priori,* sobre o que não se conhece. Corrigir essas ideias é antecipar-se às objeções: tal é o objeto deste pequeno escrito.

O terceiro capítulo pode ser considerado como o resumo de *O Livro dos Espíritos*. É a solução, pela Doutrina Espírita, de um certo número de problemas do mais alto interesse de ordem psicológica, moral e filosófica, que são colocados diariamente, e aos quais nenhuma filosofia deu, ainda, soluções satisfatórias. Que se procure resolvê-los por outra teoria, e sem a chave que nos oferece o Espiritismo, e ver-se-á que elas são as respostas mais lógicas e que melhor satisfazem à razão.

Este resumo não é somente útil para os iniciantes que poderão nele, em pouco tempo e sem muito esforço, haurir as noções mais essenciais, mas também o é para os adeptos aos quais ele fornece os meios para responder às primeiras objeções que não deixam de lhe fazer, e, de outra parte, porque aqui encontrarão reunidos, em um quadro restrito, e sob um mesmo exame, os princípios que eles não devem jamais perder de vista.

Para responder, desde agora e sumariamente, à questão formulada no título deste opúsculo, nós diremos que:

*O Espiritismo é ao mesmo tempo uma ciência de observação e uma doutrina filosófica. Como ciência prática, ele consiste nas relações que se podem estabelecer com os Espíritos; como filosofia, ele compreende todas as consequências morais que decorrem dessas relações.*

Pode-se defini-lo assim:

*O Espiritismo é uma ciência que trata da natureza, da origem e da destinação dos Espíritos, e das suas relações com o mundo corporal.*

# CAPÍTULO 1

# Pequena Conferência Espírita

*Primeiro diálogo - O crítico*
*Segundo diálogo - O cético*
*Terceiro diálogo - O padre*

## Primeiro Diálogo – O Crítico

**Visitante – Eu vos direi, senhor, que minha razão se recusa a admitir a realidade dos fenômenos estranhos atribuídos aos Espíritos e que, disso estou persuadido, não existem senão na imaginação. Todavia, diante da evidência, seria preciso se inclinar, e é o que farei se eu puder ter provas incontestáveis. Venho, pois, solicitar de vossa bondade a permissão para assistir somente a uma ou duas experiências, para não ser indiscreto, a fim de me convencer, se for possível.**

*Allan Kardec – Desde o instante, senhor, que vossa razão se recusa a admitir o que nós consideramos fatos comprovados, é que vós a credes superior à de todas as pessoas que não compartilham de vossa opinião. Eu não duvido do vosso mérito e não teria a pretensão de colocar a minha inteligência acima da vossa. Admiti, pois, que eu me engano, uma vez que é a razão que vos fala, e que esteja dito tudo.*

**Visitante – Todavia, se vós chegásseis a me convencer, eu que sou conhecido como um antagonista das vossas ideias, isso seria um milagre eminentemente favorável à vossa causa.**

*A. K. – Eu o lamento, senhor, mas não tenho o dom dos milagres. Pensais que uma ou duas sessões bastarão para vos convencer? Isso seria, com efeito, um verdadeiro prodígio. Foi-me necessário mais de um ano de trabalho para eu mesmo estar convencido, o que vos prova que, se o sou, não o foi por leviandade. Aliás, senhor, eu não dou sessões e parece que vos enganastes sobre o objetivo de nossas reuniões, já que nós não fazemos experiências para satisfazer à curiosidade de quem quer que seja.*

**Visitante – Não desejais, pois, fazer prosélitos?**

A. K. – *Por que eu desejaria fazer de vós um prosélito se vós mesmo isso não o desejais? Eu não forço nenhuma convicção. Quando encontro pessoas sinceramente desejosas de se instruírem e que me dão a honra de solicitar-me esclarecimentos, é para mim um prazer, e um dever, responder-lhes no limite dos meus conhecimentos. Quanto aos antagonistas que, como vós, têm convicções firmadas, eu não faço uma tentativa para os desviar, já que encontro bastante pessoas bem dispostas, sem perder meu tempo com as que não o são. A convicção virá, cedo ou tarde, pela força das coisas, e os mais incrédulos serão arrastados pela torrente. Alguns partidários a mais, ou a menos, no momento, não pesam na balança. Por isso, não vereis jamais zangar-me para conduzir às nossas ideias aqueles que têm tão boas razões como vós para delas se distanciarem.*

**Visitante – Haveria, entretanto, no meu convencimento mais interesse do que vós o credes. Quereis me permitir explicar-me com franqueza e me prometer não vos ofender com minhas palavras? São minhas ideias sobre o assunto e não sobre a pessoa à qual me dirijo; posso respeitar a pessoa sem partilhar sua opinião.**

A. K. – *O Espiritismo me ensinou a dar pouco valor às mesquinhas suscetibilidades do amor próprio, e a não me ofender com palavras. Se vossas palavras saírem dos limites da urbanidade e das conveniências, concluirei, com isso, que sois um homem mal educado, eis tudo. Quanto a mim, prefiro deixar aos outros os erros, ao invés de os partilhar. Vedes, só por isso, que o Espiritismo serve para alguma coisa.*

*Eu vos disse, senhor, não me empenho de nenhum modo em vos fazer partilhar minha opinião; respeito a vossa, se ela é sincera, como desejo que se respeite a minha. Uma vez que tratais o Espiritismo como um sonho quimérico, vindo para mim, dizíeis a vós mesmo: eu vou ver um louco. Confessai-o, francamente, isso não me melindrará. Todos os espíritas são loucos, é coisa convencionada. Pois bem, senhor, uma vez que olhais isso como uma doença mental, sentiria escrúpulo em vô-la comunicar, e eu me espanto que com um tal pensamento vós procureis* adquirir uma convicção que vos colocará entre os loucos. Se estais antecipadamente persuadido de não poder ser convencido, vossa tentativa é inútil, porque não tem por objetivo senão a curiosidade. Abreviemos, pois, eu vos rogo, porque eu não teria tempo a perder em conversas sem objetivo.

**Visitante – Podemos nos enganar, iludir-nos, sem por isso ser louco.**

A. K. – Falai claramente: dizeis, como tantos outros, que é um capricho que tem seu tempo; mas convireis que um capricho que em alguns anos ganhou milhões de partidários em todos os países, que conta com sábios de todas as ordens, que se propaga de preferência nas classes esclarecidas, é uma singular mania que merece algum exame.

**Visitante – Eu tenho minhas ideias sobre esse assunto, é verdade. Elas, porém, não são tão absolutas que eu não consinta sacrificá-las à evidência. Eu vos disse, pois, senhor, que tendes um certo interesse em me convencer. Eu vos confessarei que devo publicar um livro onde me proponho demonstrar *ex-professo* (sic) o que eu vejo como um erro, e como esse livro deve ter um grande alcance e atacar vivamente os Espíritos, se eu chegar a ser convencido, não o publicarei.**

A. K. – Eu ficaria desolado, senhor, por vos privar do benefício de um livro que deve ter um grande alcance. Eu não tenho, de resto, nenhum interesse em vos impedir de fazê-lo, mas lhe desejo, ao contrário, uma grande popularidade, já que isso nos servirá de prospectos e de anúncios. Quando uma coisa é atacada, isso desperta a atenção; há muitas pessoas que querem ver os prós e os contras, e a crítica a faz conhecida daqueles mesmos que dela não sonhavam. É assim que a publicidade, frequentemente, sem o querer, aproveita àqueles aos quais se quer prejudicar. A questão dos Espíritos, aliás, é tão palpitante de interesse e ela espicaça a curiosidade a um tal ponto, que basta mencioná-la à atenção para dar o desejo de aprofundá-la. (1)

**Visitante – Então, segundo vós, a crítica não serve para nada, a opinião pública não conta para nada?**

A. K. – Eu não considero a crítica como a expressão da opinião pública, mas como uma opinião individual que pode se enganar. Lede a

---

(1) Depois deste diálogo, escrito em 1859, a experiência veio demonstrar largamente a justeza desta proposição.

*História e vereis quantas obras-primas foram criticadas quando aparece-*
*ram, o que não as impediu de permanecerem obras-primas. Quando uma*
*coisa é má, todos os elogios possíveis não a tornarão boa.* Se o Espiritismo
é um erro, ele cairá por si mesmo; se é uma verdade, todas as diatribes
não farão dele uma mentira. *Vosso livro será uma apreciação pessoal sob*
*o vosso ponto de vista; a verdadeira opinião pública julgará se é correta.*
*Por isso, quererão ver e se, mais tarde, for reconhecido que vos enganastes,*
*vosso livro será ridículo como aquele que se publicou recentemente contra*
*a teoria da circulação do sangue, da vacina, etc.*

*Mas esqueci que vós deveis tratar a questão ex-professo, o que quer*
*dizer que a haveis estudado sob todas as faces, que haveis visto tudo o que*
*se poder ver, tudo o que se escreveu sobre a matéria, analisado e compara-*
*do as diversas opiniões; que vos encontrastes nas melhores condições para*
*observar por vós mesmo; que vós lhe consagrastes vossas vigílias, durante*
*anos; em uma palavra, que não negligenciastes em nada para atingir a*
*constatação da verdade. Eu devo crer que assim o é, se sois um homem*
*sério, porque só aquele que fez tudo isso, tem o direito de dizer que fala*
*com conhecimento de causa.*

*Que pensaríeis de um homem que se erigisse em censor de uma*
*obra literária sem conhecer literatura? De um quadro sem ter estudado*
*pintura? É de uma lógica elementar que o crítico deva conhecer, não*
*superficialmente, mas a fundo, aquilo de que fala, sem o que sua opi-*
*nião não tem valor. Para combater um cálculo, é preciso opor-lhe outro*
*cálculo mas, para isso, é preciso saber calcular. O crítico não deve se*
*limitar a dizer que tal coisa é boa ou má; é preciso que ele justifique*
*sua opinião por uma demonstração clara e categórica, baseada sobre os*
*próprios princípios da arte ou da ciência. Como poderá fazê-lo se ignora*
*esses princípios? Poderíeis apreciar as qualidades ou os defeitos de uma*
*máquina se vós não conheceis a mecânica? Não, pois bem! vosso julga-*
*mento sobre o Espiritismo, que não conheceis, não teria mais valor do*
*que o que faríeis sobre essa máquina. Seríeis a cada instante preso em*
*flagrante delito de ignorância, porque aqueles que o estudaram, verão,*
*consequentemente, que estais fora da questão; de onde se concluirá ou*
*que não sois um homem sério ou que não sois de boa fé; em um e ou-*
*tro caso vos exporeis a receber desmentidos pouco lisonjeiros para vosso*
*amor-próprio.*

**Visitante – É precisamente para evitar esse escolho que vim vos pedir permissão para assistir a algumas experiências.**

*A. K. – E pensais que isso vos bastaria para falar do Espiritismo* ex-professo? *Mas como poderíeis compreender essas experiências, e com mais forte razão julgá-las, se não haveis estudado os princípios que lhes servem de base? Como poderíeis apreciar o resultado, satisfatório ou não, de experiências metalúrgicas, por exemplo, se não conheceis a fundo a metalurgia? Permiti-me dizer-vos, senhor, que vosso projeto é absolutamente como se, não sabendo nem matemática, nem astronomia, fosseis dizer a um desses senhores do Observatório: Senhor, eu quero escrever um livro sobre astronomia, e além disso provar que vosso sistema é falso; mas como disso eu não sei nem a primeira palavra, deixai-me olhar uma ou duas vezes através de vossas lunetas. Isso me bastará para conhecê-la tanto quanto vós.*

*Não é senão por extensão que a palavra* criticar *é sinônimo de* censurar. *Em seu significado próprio, e segundo sua etimologia, ela significa* julgar, apreciar. *A crítica pode, pois, ser aproveitada ou desaproveitada. Fazer crítica de um livro não é necessariamente condená-lo. Aquele que empreende essa tarefa deve fazê-la sem ideias preconcebidas. Mas, se antes de abrir o livro já o condenou em seu pensamento, seu exame não pode ser imparcial.*

*Tal é o caso da maioria daqueles que têm falado do Espiritismo. Apenas sobre o nome formaram uma opinião e fizeram como um juiz que pronunciou uma sentença sem se dar ao trabalho de examinar o processo. Disso resultou que seu julgamento ficou sem razão e, ao invés de persuadir, provocou riso. Quanto àqueles que estudaram seriamente a questão, a maioria mudou de opinião e mais de um adversário dela tornou-se partidário, quando viu que se tratava de coisa diversa daquela em que ele acreditava.*

**Visitante – Falais do exame dos livros em geral. Credes que seja materialmente possível a um jornalista, ler e estudar todos os que lhe passam pelas mãos, sobretudo quando se trata de teorias novas que lhe seria preciso aprofundar e verificar? Igualmente exigirias de um impressor que lesse todas as obras que saem das suas impressoras.**

*A. K. – A um raciocínio tão judicioso eu não tenho nada a responder, senão que, quando não se tem tempo de fazer conscientemente uma* coisa, não se deve envolver-se com ela, e que é melhor não fazer senão uma coisa bem, do que fazer dez mal.

**Visitante – Não creais, senhor, que minha opinião esteja formada levianamente. Eu vi mesas girarem e baterem; pessoas que estavam supostamente escrevendo sob a influência de Espíritos; mas eu estou convencido de que havia charlatanismo.**

A. K. – Quanto pagastes para ver isso?

**Visitante – Nada, seguramente.**

A. K. – Então eis charlatães de uma espécie singular, e que vão reabilitar a palavra. Até o presente não se viu ainda charlatães desinteressados. Se algum brincalhão maldoso quis se divertir uma vez por acaso, segue-se que as outras pessoas sejam cúmplices da fraude? Aliás, com que objetivo se tornariam cúmplices de uma mistificação? Para divertir a sociedade, direis. Eu aceito que uma vez alguém se preste a um gracejo; mas quando um gracejo dura meses e anos, é, eu creio, o mistificador que está mistificado. É provável que, pelo único prazer de fazer crer em uma coisa que se sabe ser falsa, espera-se aborrecidamente horas inteiras sobre uma mesa? O prazer não valeria o trabalho.

Antes de concluir pela fraude é preciso primeiro se perguntar qual interesse se pode ter em enganar; ora, concordareis que há posições que excluem toda suspeita de fraude; pessoas das quais só o caráter é uma garantia de probidade.

Outra coisa seria se se tratasse de uma especulação, porque a atração do lucro é uma péssima conselheira. Mas, admitindo-se mesmo que, neste último caso, um fato de manobra fraudulenta seja positivamente constatado, isso não provaria nada contra a realidade do princípio, já que se pode abusar de tudo. Do fato de que há pessoas que vendem vinhos adulterados, não se segue daí que não haveria vinho puro. O Espiritismo não é mais responsável pelos que abusam desse nome e o exploram, do que a ciência médica não o é pelos charlatães que vendem suas drogas, nem a religião pelos sacerdotes que abusam do seu ministério.

O Espiritismo, pela sua novidade e pela sua própria natureza, devia prestar-se a abuso; mas ele dá os meios de os reconhecer, definindo claramente seu verdadeiro caráter e recusando qualquer solidariedade com aqueles que o exploram ou o desviam de seu objetivo exclusivamente *moral para fazer dele um ofício, um instrumento de adivinhação ou de procuras fúteis.*

*Desde que o próprio Espiritismo traça os limites nos quais ele se contém, precisa o que ele diz e o que não diz, o que ele pode e o que não pode, o que está ou não está em suas atribuições, o que ele aceita e o que repudia, o erro está naqueles que, não se dando ao trabalho de o estudar, julgam-no sobre as aparências; que, porque encontram saltimbancos usando o nome de* Espíritas, *para atrair os que passam, dirão gravemente: Eis o que é o Espiritismo. Sobre o que, em definitivo, recai o ridículo? Não é sobre o saltimbanco que faz o seu trabalho, nem sobre o Espiritismo cuja doutrina escrita desmente semelhantes assertivas, mas sobre os críticos convictos de falarem daquilo que não sabem, ou de alterarem conscientemente a verdade. Aqueles que atribuem ao Espiritismo o que está contra sua própria essência, o fazem, ou por ignorância ou deliberadamente. No primeiro caso é por leviandade, no segundo é por má fé. Neste último caso, eles se assemelham a certos historiadores que alteram os fatos históricos no interesse de um partido ou de uma opinião. Um partido se desacredita sempre pelo emprego de semelhantes meios, e falta ao seu objetivo.*

*Notai bem, senhor, que eu não pretendo que a crítica deva necessariamente aprovar nossas ideias, mesmo depois de as ter estudado; não censuramos de modo algum aqueles que não pensam como nós. O que é evidente para nós, pode não o ser para todo o mundo. Cada um julga as coisas pelo seu ponto de vista, e do fato mais positivo todo o mundo não tira as mesmas consequências. Se um pintor, por exemplo, coloca em seu quadro um cavalo branco, qualquer um poderá dizer que esse cavalo faz um mau efeito e que um preto conviria melhor: mas seu erro será dizer que o cavalo é branco se ele é preto. É o que faz a maioria dos nossos adversários.*

*Em resumo, senhor, cada um é perfeitamente livre para aprovar ou criticar os princípios do Espiritismo, para deduzir deles tais consequências boas ou más, como lhe agrade, mas a consciência impõe um dever a todo crítico sério de não dizer ao contrário do que é; ora, por isso, a primeira condição é de não falar daquilo que não se sabe.*

**Visitante – Retornemos, eu vos peço, às mesas moventes e falantes. Não poderia ocorrer que elas estivessem preparadas?**

*A. K. – É sempre a questão da boa fé à qual já respondi. Quando a fraude estiver provada eu vô-la entrego; se vós assinalardes fatos* confirmados *de fraude, de charlatanismo, de exploração, ou de abuso de confiança, eu os entrego à vossa fustigação, vos declarando de antemão que não lhes tomarei a defesa, porque, o Espiritismo sério é o primeiro a repudiá-los, e mencionar os abusos é ajudar a preveni-los e prestar-lhe serviço. Mas generalizar essas acusações, derramar sobre uma massa de pessoas honradas a reprovação que merecem alguns indivíduos isolados, é um abuso de um outro gênero: o da calúnia.*

*Admitindo, como vós o dizeis, que as mesas estivessem preparadas, seria preciso um mecanismo bem engenhoso para fazer executar movimentos e ruídos tão variados. Como não se conhece, ainda, o nome do hábil fabricante que as confecciona? No entanto, ele deveria ter uma enorme celebridade, uma vez que seus aparelhos estão espalhados nas cinco partes do mundo. É preciso convir, também, que seu procedimento é bem sutil, uma vez que se pode adaptar à primeira mesa encontrada, sem nenhum sinal exterior. Por que desde Tertuliano que, ele também, falou das mesas girantes e falantes, até o presente ninguém pôde ver o mecanismo, nem descrevê-lo?*

**Visitante – Eis o que vos engana. Um célebre cirurgião reconheceu que certas pessoas podem, pela contração de um músculo da perna, produzir um ruído parecido com o que vós atribuís à mesa, de onde ele concluiu que vossos médiuns se divertem às custas da credulidade.**

*A. K. – Então, se é um estalido do músculo, não é a mesa que está preparada. Uma vez que cada um explica essa pretendida fraude à sua maneira, isso é prova, a mais evidente, de que nem uns nem outros conhecem a verdadeira causa.*

*Eu respeito a ciência desse sábio cirurgião, somente que surgem algumas dificuldades na aplicação dos fatos que ele assinala às mesas falantes. A primeira, que é singular que essa faculdade, até o presente excepcional, e olhada como um caso patológico, tenha de repente se tornado tão comum. A segunda, que é preciso ter uma bem robusta vontade de mistificar para fazer estalar seu músculo durante duas ou três horas seguidas, quando isso não produz nada além da fadiga e da dor. A terceira é que não entendo como esse músculo se corresponde com as portas e paredes nas quais as pancadas se fazem ouvir. A quarta, enfim, que é preciso* a esse músculo estalante uma propriedade bem maravilhosa, para fazer mover uma pesada mesa, levantá-la, abri-la, fechá-la, mantê-la suspensa sem ponto de apoio e, finalmente, quebrá-la na queda. Não se desconfiava que esse músculo tivesse tanta virtude. (Revista Espírita, junho de 1859, página 141: O músculo estalador).

O célebre cirurgião do qual falastes, estudou o fenômeno da tiptologia naqueles que o produzem? Não; ele constatou um efeito fisiológico anormal entre alguns indivíduos que jamais se ocuparam com as mesas batedoras, tendo uma certa analogia com aquele que se produz nas mesas, e, sem um exame mais amplo, concluiu, com toda a autoridade da sua ciência, que todos aqueles que fazem as mesas falarem devem ter a propriedade de fazer estalar seu músculo curto peroneiro, e que não são senão enganadores, sejam eles príncipes ou operários, façam-se pagar ou não. Ao menos estudou o fenômeno da tiptologia em todas as suas fases? Verificou se, com a ajuda desse estalido muscular, poder-se-ia produzir todos os efeitos tiptológicos? Nada mais, sem isso estaria convencido da insuficiência do seu processo; o que não impediu de proclamar sua descoberta em pleno Instituto. Não há aqui, para um sábio, um julgamento bem sério? O que restou dele hoje? Eu vos confesso que, se tivesse que sofrer uma intervenção cirúrgica, hesitaria muito em me confiar a esse profissional, porque temeria que ele não julgasse meu mal com mais perspicácia.

Uma vez que esse julgamento é de umas das autoridades sobre as quais pareceis dever vos apoiar para abrir uma brecha no Espiritismo, isso me tranquiliza completamente sobre a força dos outros argumentos que apresentareis, se vós não os tomardes de fontes mais autênticas.

**Visitante – Todavia, vedes que a moda das mesas girantes já passou; durante um tempo foi um furor, hoje, dela não se ocupam mais. Por que isso, se é uma coisa séria?**

A. K. – Porque das mesas girantes saiu uma coisa mais séria ainda; delas saiu toda uma ciência, toda uma doutrina filosófica, muito mais interessante para os homens que refletem. Quando estes não tinham mais nada para aprender vendo rodar uma mesa, dela não se ocuparam mais. Para as pessoas fúteis que não se aprofundam em nada, era um passatempo, um brinquedo e o tiveram bastante; essas pessoas não são consideradas em ciência. O período de curiosidade teve seu tempo: o da *observação lhe sucedeu. O Espiritismo, então, entrou para o domínio das pessoas sérias, que não se divertem com ele, mas que se instruem. Também as pessoas que fazem dele uma coisa séria não se prestam para nenhuma experiência de curiosidade, e menos ainda para aqueles que nela viriam com pensamentos hostis. Como elas próprias não se divertem, não procuram divertir os outros; e eu sou desse número.*

**Visitante – Não há, todavia, senão a experiência para convencer, mesmo não tendo, no início, senão um objetivo de curiosidade. Se vós não operais senão em presença de pessoas convencidas, permiti-me dizer-vos que pregais aos convertidos.**

A. K. – *Uma coisa é estar convencido, outra é estar disposto a se convencer. É a estes últimos que eu me dirijo, e não àqueles que creem humilhar sua razão vindo escutar aquilo que chamam de fantasia. Com estes eu me preocupo o menos possível. Quanto àqueles que dizem ter o desejo sincero de se esclarecer, a melhor maneira de o provar é mostrando perseverança. Se os conhece por outros sinais além do desejo de ver uma ou duas experiências: estes querem trabalhar seriamente.*

*A convicção não se forma senão com o tempo, por uma contínua observação feita com um cuidado particular. Os fenômenos espíritas diferem essencialmente daqueles que se apresentam nas ciências exatas: eles não se produzem à vontade. É preciso compreendê-los quando ocorrem. É vendo-os muito e por longo tempo, que se descobre uma multidão de provas que escapam ao primeiro olhar, sobretudo, quando não se está familiarizado com as condições nas quais eles podem se produzir, e ainda mais quando se leva um espírito de prevenção. Para o observador assíduo e refletido, as provas são bastante: para ele uma palavra, um fato aparentemente insignificante, pode ser um sinal de luz, uma confirmação. Para o observador superficial e de passagem, para o simples curioso, elas nada são. Eis porque eu não me presto para experiências sem resultado provável.*

**Visitante – Mas, enfim, é preciso um começo para tudo. O iniciante, que é uma tábula rasa, que não viu nada, mas que quer se esclarecer, como pode fazê-lo se vós, para isso, não lhe dais os meios?**

A. K. – *Eu faço uma grande diferença entre o incrédulo por ignorância e o incrédulo sistemático. Quando vejo em alguém disposições favoráveis, nada me custa esclarecê-lo. Mas há pessoas em que o desejo de se instruir não é senão uma aparência: com estes perde-se tempo, porque se eles não encontram imediatamente o que têm o ar de procurar, e que talvez os descontentariam encontrar, o pouco que veem é insuficiente para destruir suas prevenções. É inútil lhes fornecer oportunidade porque elas a julgam mal e a fazem objeto de zombaria.*

*Àquele que deseja se instruir, direi: "Não se pode fazer um curso de Espiritismo experimental como se faz um curso de física ou de química, já que não se é jamais senhor para produzir os fenômenos à vontade, e que as inteligências que lhes são agentes, frustram frequentemente todas as nossas previsões. O que vós poderíeis ver acidentalmente, não apresentando nenhuma continuidade, nenhuma ligação necessária, seria pouco inteligível para vós. Instrui-vos, primeiro, pela teoria; lede e meditai os livros que tratam dessa ciência; ali aprendereis seus princípios, encontrareis a descrição de todos os fenômenos, compreendereis sua possibilidade pela explicação que é dada, e pela narração de uma multidão de fatos espontâneos, dos quais podeis ter sido testemunhas sem o saber e que vos tornarão à memória. Vós vos edificareis sobre todas as dificuldades que podem se apresentar e formareis, assim, uma primeira convicção moral. Então, quando se apresentarem as circunstâncias de ver e de operar por vós mesmos, compreendereis, qualquer que seja a ordem pela qual os fatos se apresentem, porque nada vos será estranho."*

*Eis, senhor, o que aconselho a quem diz querer se instruir, e, pela sua resposta, é fácil de se ver se tem outra coisa além da curiosidade.*

## Segundo Diálogo – O Céptico

**Visitante** – Eu compreendo, senhor, a utilidade do estudo prévio do qual acabais de falar. Como predisposição pessoal, não sou nem pró nem contra o Espiritismo, mas o assunto, por si mesmo, excita ao mais alto grau meu interesse. No círculo dos meus conhecimentos se encontram partidários, mas, também, adversários; ouvi a esse respeito argumentos muito contraditórios. Eu me proporia submeter-vos algumas das objeções que foram feitas em minha presença, e que me parecem ter um certo valor, pelo menos para mim, que confesso minha ignorância.

*Allan Kardec – Ser-me-á um prazer, senhor, responder às questões que se queira me endereçar, quando elas são feitas com sinceridade e sem prevenção, sem me iludir, entretanto, de poder resolvê-las todas. O Espiritismo é uma ciência que acaba de nascer e na qual há, ainda, muito a aprender. Seria, pois, muito presunçoso pretendendo tirar todas as dificuldades: eu não posso dizer senão daquilo que sei.*

*O Espiritismo toca em todos os ramos da filosofia, da metafísica, da psicologia e da moral. É um campo imenso que não se pode percorrer em algumas horas. Ora, compreendeis, senhor, que me seria materialmente impossível repetir de viva voz, e a cada um em particular, tudo o que escrevi sobre esse assunto para uso geral. Em uma séria leitura prévia, encontrar-se-á, aliás, a resposta à maioria das perguntas que vêm, naturalmente, ao pensamento. Ela tem a dupla vantagem de evitar as repetições inúteis, e de provar um desejo sério de se instruir. Se depois disso, ainda restarem dúvida ou pontos obscuros, a sua explicação torna-se mais fácil, porque se apoia sobre alguma coisa e não se perde tempo em retornar sobre os princípios mais elementares. Se o permitirdes, nós nos limitaremos, pois, até nova ordem, a algumas questões gerais.*

**Visitante – Seja. Eu vos peço me chamar à ordem se delas me afastar.**

## Espiritismo e Espiritualismo

**Eu vos perguntaria, primeiro, que necessidade haveria de criar as palavras novas de *espírita*, *Espiritismo* para substituir as de *Espiritualismo*, *espiritualista*, que estão na linguagem popular e compreendidas por todo o mundo? Já ouvi alguém tratar essas palavras de *barbarismos*.**

*A. K. – A palavra* espiritualista, *desde muito tempo, tem uma significação bem definida; é a Academia que no-la dá:* ESPIRITUALISTA *é aquele ou aquela cuja doutrina é oposta ao materialismo. Todas as religiões, necessariamente, estão baseadas no Espiritualismo. Quem crê haver em nós outra coisa além da matéria, é espiritualista, o que não implica na crença nos Espíritos e nas suas manifestações. Como vós o distinguiríeis daquele que o crê? Precisar-se-ia, pois, empregar uma perífrase e dizer: é um espiritualista que crê, ou não crê, nos Espíritos. Para as coisas novas, é preciso palavras novas, se se quer evitar equívocos. Se eu tives-se dado à minha REVISTA a qualificação de* Espiritualista*, não lhe teria de, modo algum, especificado o objeto, porque, sem faltar ao meu título, poderia não dizer uma palavra sobre os Espíritos e mesmo combatê-los. Eu li, há algum tempo em um jornal, a propósito de uma obra filosófica, um artigo onde se dizia que o autor o havia escrito sob o ponto de vista espiritualista. Ora, os partidários dos Espíritos ficariam singularmente desapontados se, na confiança dessa indicação, tivessem acreditado nela encontrar a menor concordância com suas ideias. Portanto, se adotei as palavras* Espírita *e* Espiritismo*, é porque elas exprimem, sem equívoco, as ideias relativas aos Espíritos.* Todo espírita *é, necessariamente,* espiritua-lista, *sem que todos os* espiritualistas *sejam* espíritas*. Fossem os Espíritos uma quimera e seria ainda útil existirem termos especiais para aquilo que lhes concerne, porque são necessárias palavras para as ideias falsas como para as ideias verdadeiras.*

*Essas palavras não são, aliás, mais bárbaras que todas aquelas que as ciências, as artes e a indústria criam cada dia. Elas não o são, seguramente, mais que as que Gall imaginou para sua nomenclatura das faculdades, tais como:* secrétivité, amativité, combativité, alimentivité, affectionivité, etc. *Há pessoas que, por espírito de contradição, criticam tudo que não provém delas e desejam aparentar oposição; aqueles que levantam tão miseráveis contestações capciosas, não provam senão uma coisa: a pequenez de suas ideias. Prender-se a semelhantes bagatelas é provar que se tem pouco de boas razões.*

Espiritualismo, espiritualista, *são as palavras inglesas emprega-das nos Estados Unidos desde o início das manifestações: delas se ser-viu, primeiro, por algum tempo, na França. Mas, desde que apareceram as palavras* espírita *e* Espiritismo*, compreendeu-se tão bem sua utili-dade, que foram imediatamente aceitas pelo público. Hoje o uso delas é de tal modo consagrado, que os próprios adversários, os que primeiro as apregoaram de barbarismo, não empregam outras. Os sermões e as pastorais que fulminam contra o* Espiritismo *e os* espíritas*, não pode-riam, sem confundir as ideias, lançar anátema sobre o* Espiritualismo *e os* espiritualistas*.*

*Bárbaras ou não, essas palavras doravante passaram para a lin-guagem popular e em todas as línguas da Europa. Só elas são empregadas em todas as publicações, pró ou contra, feitas em todos os países. Elas formaram o sustentáculo da nomenclatura da nova ciência; para exprimir os fenômenos especiais dessa ciência, foram precisos termos especiais. O Espiritismo tem, de hoje em diante, sua nomenclatura, como a química tem a sua (1)*

*As palavras* Espiritualismo e espiritualista, *aplicadas às manifestações dos Espíritos, não são mais empregadas hoje, senão pelos adeptos da escola dita* americana.

## Dissidências

**Visitante – Essa diversidade na crença do que chamais uma ciência, me parece ser a sua condenação. Se essa ciência repousasse sobre fatos positivos, não deveria ser a mesma na América como na Europa?**

A. K. *– A isso eu responderei primeiro que essa diferença está mais na forma que no fundo. Ela não consiste, na realidade, senão na maneira de encarar alguns pontos da doutrina, mas não constitui um antagonismo radical nos princípios, como afetam em dizer nossos adversários, sem haverem estudado a questão.*

*Mas, dizei-me qual é a ciência que, em seu início, não suscitou dissidências até que seus princípios estivessem claramente estabelecidos? Não existem dissidências, ainda hoje, nas ciências melhor constituídas? Todos os sábios estão de acordo sobre o mesmo princípio? Não têm eles seus sistemas particulares? As sessões do Instituto apresentam sempre o quadro de um entendimento perfeito e cordial? Em medicina não há a Escola de Paris e a de Montpellier? Cada descoberta, em uma ciência, não é ocasião de um cisma entre os que querem avançar e os que querem manter-se atrás?*

*No que concerne ao Espiritismo, não é natural que, na aparição dos primeiros fenômenos, quando se ignoravam as leis que os regiam, cada um tenha dado seu sistema particular e os examinado à sua maneira? Em que*

---

(1) Essas palavras, aliás, hoje têm direito de burguesia, pois estão no suplemento do *Petit Dictionnaire des Dictionnaires Français*, extraído de *Napoléon Landais*, obra que se tira em vinte mil exemplares. Nela se encontra a definição e a etimologia das palavras: *erraticidade, medianímico, médium, mediunidade, perispírito, pneumatografia, pneumatofonia, psicográfico, psicografia, psicofonia, reencarnação, sematologia, espírita, Espiritismo, estereorito, tiptologia.* Elas se encontram igualmente, com todo o desenvolvimento que comportam, na nova edição do *Dictionnaire Universel* de Maurice Lachâtre.

*se tornaram todos esses sistemas primitivos isolados? Eles ruíram diante de uma observação mais completa dos fatos. Alguns anos bastaram para estabelecer a unidade grandiosa que prevalece hoje na doutrina e que reúne a imensa maioria dos adeptos, salvo algumas individualidades que, aqui como em todas as coisas, se agarram às ideias primitivas e morrem com elas. Qual a ciência, qual a doutrina filosófica ou religiosa que oferece um semelhante exemplo? O Espiritismo jamais apresentou a centésima parte das divisões que afligiram a Igreja durante vários séculos, e que a dividem ainda hoje.*

*É verdadeiramente curioso ver as puerilidades às quais se fixam os adversários do Espiritismo; isso não indica a falta de razões sérias? Se as tivessem, eles não deixariam de as apresentar. Que lhe opõem? Zombarias, negações, calúnias, mas, argumentos peremptórios, nenhum. A prova de que não encontraram um lado vulnerável é que nada detém sua marcha ascendente, e que depois de dez anos ele conta mais adeptos do que jamais o contou nenhuma seita depois de um século. Esse é um fato tirado da experiência e reconhecido pelos próprios adversários. Para o arruinar, não basta dizer: isto não existe, isso é um absurdo. Precisar-se-ia provar categoricamente que os fenômenos não existem e não podem existir. E é isso o que ninguém fez.*

## Fenômenos espíritas simulados

**Visitante – Não se provou que fora do Espiritismo poder-se-ia produzir esses mesmos fenômenos? Pode-se concluir, daí, que eles não têm a origem que lhe atribuem os espíritas.**

*A. K. –* *Do fato de se poder imitar uma coisa, não se segue que ela não existe. Que diríeis da lógica daquele que pretendesse que, porque se faz vinho da Champagne com água de Seltz, todo o vinho de Champagne não é senão de água de Seltz? É privilégio de todas as coisas que têm ressonâncias, produzir falsificações. Os prestidigitadores pensaram que o nome do* Espiritismo, *devido à sua popularidade e as controvérsias das quais era objeto, poderia ser bom para explorar, e, para atrair a multidão, simularam mais ou menos grosseiramente, alguns fenômenos mediúnicos, como recentemente simularam a clarividência sonambúlica, e todos os escarnecedores, aplaudindo, exclamaram: eis o que é o Espiritismo! Quando a engenhosa produção dos espectros apareceu em cena, não proclamaram por toda parte que era seu golpe de misericórdia? Antes de pronunciarem uma sentença tão positiva, deveriam refletir que as assertivas de um escamoteador não são palavras do Evangelho, e se assegurarem de que haveria identidade real entre a imitação e a coisa imitada. Ninguém compra um brilhante sem antes se assegurar de que não é uma imitação. Um estudo não muito sério os teria convencido de que os fenômenos espíritas se apresentam em outras condições e teriam sabido, além disso, que os espíritas não se ocupam nem em fazer aparecer espectros, nem em adivinhações.*

*Só a malevolência e uma notável má fé puderam assemelhar o Espiritismo à magia e à feitiçaria, uma vez que ele repudia o objetivo, as práticas, fórmulas e as palavras místicas. Há mesmo os que não temem comparar as reuniões espíritas às assembleias do sabbat, onde se espera a hora fatal de meia-noite para fazer aparecerem os fantasmas.*

*Um espírita, meu amigo, encontrava-se um dia em uma representação de Macbeth, ao lado de um jornalista que não conhecia. Quando chegou a cena das feiticeiras, ele ouviu este último dizer ao seu vizinho: "Olha! vamos assistir a uma sessão de Espiritismo. É justamente isso o que preciso para meu próximo artigo. Eu vou saber como as coisas se passam. Se houvesse aqui um desses loucos eu lhe perguntaria se ele se reconhece nesse quadro." – "Eu sou um desses loucos, disse-lhe o espírita, e posso vos certificar que não me reconheço inteiramente, porque embora já tenha assistido a centenas de reuniões espíritas, jamais vi nelas nada semelhante. Se é aqui onde vindes haurir informações para vosso artigo, ele não se distinguirá pela verdade."*

*Muitos críticos não têm base mais séria. Sobre quem cai o ridículo senão sobre aqueles que se adiantam estouvadamente? Quanto ao Espiritismo, seu crédito, longe de sofrer com isso, tem aumentado pela ressonância que todas essas manobras lhe deram, chamando a atenção de uma multidão de pessoas que dele não haviam ouvido falar, provocando seu exame e aumentando o número de adeptos, porque se reconheceu que ao invés de uma brincadeira, ele era uma coisa séria.*

## Impotência dos detratores

**Visitante – Eu concordo que entre os detratores do Espiritismo**

**há pessoas inconsequentes, como esta de que acabais de falar; mas, ao lado destas, não há homens de um valor real e cuja opinião é de um certo peso?**

A. K. – *Eu não o contesto de modo algum. A isso respondo que o Espiritismo conta também em suas fileiras com um bom número de homens de um valor não menos real. Eu digo mais: que a imensa maioria dos espíritas se compõem de homens inteligentes e estudiosos. Só a má fé poder dizer que eles são recrutados entre os incautos e os ignorantes.*

*Um fato peremptório responde, aliás, a esta objeção: é que malgrado seu saber ou sua posição oficial, ninguém conseguiu deter a marcha do Espiritismo. Todavia, não há entre eles um só, desde o mais medíocre folhetinista, que não esteja se vangloriando de lhe vibrar o golpe mortal. Todos, sem exceção, ajudaram, sem o querer, a vulgarizá-lo. Uma ideia que resiste a tantos esforços, que avança sem tropeço através da fúria dos golpes que lhe dão, não prova sua força e a profundidade de suas raízes? Esse fenômeno não merece atenção dos pensadores sérios? Outros também se dizem hoje que ele deve ter alguma coisa, que pode ser um desses grandes e irresistíveis movimentos, que, de tempos em tempos, comovem as sociedades para transformá-las.*

*Assim o foi sempre com todas as ideias novas chamadas a revolucionarem o mundo. Elas encontram obstáculos, porque têm que lutar contra os interesses, os preconceitos, os abusos que elas vêm derrubar. Mas como estão nos desígnios de Deus, para cumprir a lei do progresso da Humanidade, quando a hora é chegada, nada saberia detê-las. É a prova de que elas são a expressão da verdade.*

*Essa impotência dos adversários do Espiritismo prova, primeiro, como eu o disse, a ausência de boas razões, uma vez que aqueles que se lhe opõem não convencem; ela, porém, se prende a uma outra causa que frustra todas as suas combinações. Espantam-se com o seu progresso, malgrado tudo o que fazem para detê-lo; ninguém lhe encontra a causa, porque a procuram onde ela não está. Uns a veem na força do diabo, que se mostraria assim mais forte que eles, e mesmo que Deus, outros, no desenvolvimento da loucura humana. O erro de todos é crer que a fonte do Espiritismo é única, e que repousa sobre a opinião de um homem; daí a ideia de que arruinando a opinião desse homem, arruinarão o Espiritismo. Eles procuram essa fonte sobre a Terra, enquanto ela está no espaço; ela não está num lugar determinado, está por toda parte, porque os Espíritos se manifestam por toda parte, em todos os países, no palácio como na choupana. A verdadeira causa está, pois, na própria natureza do Espiritismo que não recebe seu impulso de uma pessoa só, mas que permite a cada um receber diretamente comunicações dos Espíritos e se assegurar assim da realidade dos fatos. Como persuadir a milhões de indivíduos que tudo isso não é senão malabarismo, charlatanismo, destreza, quando são eles mesmos que obtêm esses resultados sem o concurso de ninguém? Se lhes fará crer que são seus próprios companheiros que fazem charlatanismo e escamoteação só para eles?*

*Essa universalidade das manifestações dos Espíritos que vêm a todos os pontos do globo, vem dar um desmentido aos detratores e confirmar os princípios da doutrina; é uma força que não pode ser compreendida por aqueles que não conhecem o mundo invisível, da mesma forma que aqueles que não conhecem a lei da eletricidade não podem compreender a rapidez da transmissão de um telegrama. É contra essa força que vêm se quebrar todas as negações, porque é como se se dissesse às pessoas que recebem os raios do sol, que o sol não existe.*

*Abstração feita das qualidades da doutrina, que satisfaz mais do que aquelas que se lhe opõem, aí está a causa dos fracassos daqueles que tentam deter-lhe a marcha. Para terem sucesso seria preciso que encontrassem um meio de impedir os Espíritos de se manifestarem. Eis porque os espíritas tomam tão pouco cuidado com as suas manobras; eles têm a experiência e a autoridade dos fatos.*

## O maravilhoso e o sobrenatural

**Visitante – O Espiritismo, evidentemente, tende a reviver as crenças fundadas sobre o maravilhoso e o sobrenatural. Ora, no nosso século de positivismo, isso me parece difícil, porque é recomendar superstições e erros populares já julgados pela razão.**

*A. K. – Uma ideia não é supersticiosa senão porque ela é falsa; ela cessa de sê-lo desde o momento em que é reconhecida verdadeira. A questão, pois, é saber se há, ou não, manifestações de Espíritos. Ora, vós não podeis taxar a coisa de supersticiosa visto que não haveis* provado *que ela não existe. Direis: minha razão as recusa; mas todos aqueles que nelas creem, e que não são tolos, invocam também sua razão, e mais, invocam os fatos. Qual das duas razões deve prevalecer? O grande juiz, aqui, é o futuro, como o foi em todas as questões científicas e industriais taxadas de absurdas e impossíveis em sua origem. Vós julgais a priori segundo vossa opinião. Nós não julgamos senão depois de ter visto e observado durante muito tempo. Acrescentamos que o Espiritismo esclarecido, como o é hoje, tende, ao contrário, a destruir as ideias supersticiosas porque ele mostra aquilo que há de verdadeiro e de falso nas crenças populares, e tudo aquilo que a ignorância e os preconceitos nela introduziram de absurdo.*

*Eu vou mais longe e digo que é precisamente o positivismo do século que faz aceitar o Espiritismo e a ele é que deve sua rápida propagação, e não, como alguns o pretendem, a uma recrudescência do amor ao maravilhoso e ao sobrenatural. O sobrenatural desaparece diante da luz da ciência, da filosofia e da razão, como os deuses do paganismo desapareceram diante da luz do Cristianismo.*

*O sobrenatural é o que está fora das leis da Natureza. O positivismo não admite nada fora dessas leis; mas as conhece todas? Em todos os tempos, os fenômenos cuja causa era desconhecida foram reputados sobrenaturais; cada nova lei descoberta pela Ciência recuou os limites do sobrenatural. Pois bem! o Espiritismo vem revelar uma lei segundo a qual a conversação com o Espírito de um morto repousa sobre uma lei tão natural como aquela que permite à eletricidade estabelecer contacto entre dois indivíduos a quinhentas léguas de distância; e assim todos os outros fenômenos espíritas. O Espiritismo repudia, no que lhe concerne, todo efeito maravilhoso, quer dizer, fora das leis da Natureza. Ele não faz nem milagres, nem prodígios, mas explica, em virtude de uma lei, certos efeitos reputados até hoje como milagres e prodígios, e por isso mesmo demonstra sua possibilidade. Amplia assim o domínio da Ciência, e é nisso que ele próprio é uma ciência. Mas a descoberta dessa nova lei, ocasionando consequências morais, a codificação dessas consequências fez dele uma doutrina filosófica.*

*Neste último ponto de vista ele responde às aspirações do homem, no que diz respeito ao futuro, sobre bases positivas e racionais e é por isso que ele convém ao Espírito positivista do século. É o que vós compreen-*

*dereis quando vos derdes ao trabalho de estudá-lo.* (O Livro dos Médiuns, *cap. II* – Revista Espírita, *dezembro de 1861, página 393, e janeiro de 1862, página 21* – Veja-se também, adiante, o cap. *II*).

## Oposição da Ciência

**Visitante – Vós dizeis que vos apoiais sobre fatos; mas se vos opõe a opinião dos sábios que os contestam ou que os explicam de maneira diversa da vossa. Por que eles não encamparam o fenômeno das mesas girantes? Se eles tivessem visto nelas alguma coisa de sério, não teriam, me parece, negligenciado de fatos tão extraordinários, e ainda menos de os repelir com desdém, ao passo que eles estão todos contra vós. Os sábios não são o farol das nações e seu dever não é de espalhar a luz? Por que quereríeis que eles a tivessem abafado, quando se lhes apresentava uma tão bela ocasião de revelar ao mundo uma força nova?**

*A. K. – Acabais de traçar o dever dos sábios de um modo admirável; pena que o tenham olvidado em mais de uma circunstância. Mas antes de responder a esta judiciosa observação, eu devo revelar um erro grave que vós haveis cometido, dizendo que todos os sábios estão contra nós. Como já disse, é precisamente na classe esclarecida que o Espiritismo faz mais prosélitos, e isso em todos os países do mundo. Eles se contam, em grande número, entre os médicos de todas as nações, e são homens de Ciência. Os magistrados, os professores, os artistas, os homens de letras, os oficiais, os altos funcionários, os grandes dignitários, os eclesiásticos, etc., que se alinham sob sua bandeira, todos são pessoas às quais não se pode recusar uma certa dose de luz. Não há sábios senão na ciência oficial e nos corpos constituídos?*

*Do fato de o Espiritismo não ter ainda direito de cidadania na ciência oficial é motivo para condená-lo? Se a Ciência não tivesse jamais se enganado, aqui sua opinião poderia pesar na balança; infelizmente, a experiência prova o contrário. Não foram rejeitadas como quimeras uma multidão de descobertas que, mais tarde, ilustraram a memória de seus autores? Não foi a um relatório de nosso primeiro corpo de sábios que deve a França ter sido privada da iniciativa do vapor? Quando Fulton veio ao campo de Bolonha apresentar seu sistema a Napoleão I, que o recomendou ao exame imediato do Instituto, este não concluiu que esse sistema era um sonho* impraticável *e não tinham tempo para com ele se ocupar? É preciso concluir que os membros do Instituto são ignorantes? Isso justifica os epítetos triviais, e de mau gosto, que certas pessoas se comprazem em lhes prodigalizar? Seguramente que não; não há pessoa sensata que não renda justiça ao seu eminente saber, embora reconhecendo que eles não são infalíveis e que, assim, seu julgamento não é o de última instância, sobretudo em fatos de ideias novas.*

**Visitante – Eu admito perfeitamente que eles não são infalíveis; mas não é menos verdadeiro que, em razão do seu saber, sua opinião tem algum valor, e se os tivésseis convosco isso daria um grande peso ao vosso sistema.**

*A. K. – Vós admitis também que cada um não é bom juiz senão naquilo que é da sua competência. Se quereis construir uma casa, procurais um músico? Se estivésseis doente, vos faríeis cuidar por um arquiteto? Se tivésseis um processo, procuraríeis a opinião de um dançarino? Enfim, se se trata de uma questão de teologia, a fareis resolver por um químico ou um astrônomo? Não; cada um em seu trabalho. As ciências vulgares repousam sobre as propriedades da matéria que se pode manipular à vontade, e os fenômenos que ela produz têm por agentes as forças materiais. Os do Espiritismo têm por agentes inteligências independentes, que têm seu livre-arbítrio e não estão submetidas aos nossos caprichos. Eles escapam, assim, aos nossos procedimentos de laboratório e aos nossos cálculos e, desde então, não são mais da alçada da Ciência propriamente dita.*

*A ciência, pois, enganou-se quando quis experimentar os Espíritos como uma pilha voltaica; ela fracassou, e assim deveria sê-lo porque usou uma analogia que não existe. Depois, sem ir mais longe, ela concluiu pela negativa. Julgamento temerário que o tempo se encarrega, todos os dias, de reformar, como reformou muitos outros, e aqueles que o tiverem pronunciado, passarão pela vergonha de se inscreverem, muito levianamente, por falsearem contra o poder infinito do Criador.*

*As corporações científicas não têm, e não terão jamais, que se pronunciar sobre a questão; ela não é mais da sua alçada que a de decretar se Deus existe, ou não. Portanto, é um erro fazer delas juízes. O Espiritismo é uma questão de crença pessoal que não pode depender do voto de uma assembleia, porque esse voto, mesmo favorável, não pode forçar* as convicções. Quando a opinião pública estiver formada a esse respeito, os sábios, como indivíduos, a aceitarão, e suportarão a força das coisas. Deixai passar uma geração e, com ela, os preconceitos do amor-próprio em que se obstina, e vereis que ocorrerá com o Espiritismo como ocorreu com tantas outras verdades antes combatidas, e que agora seria ridículo pô-las em dúvidas. Hoje são aos crentes que se chama de loucos; amanhã serão todos os que não creiam; da mesma forma como se chamou de loucos outrora, aqueles que criam que a Terra girava.

Mas todos os sábios não julgaram da mesma forma, e por sábios eu entendo os homens de estudo e de ciência, com ou sem título oficial. Muitos fizeram o seguinte raciocínio:

"Não há efeito sem causa, e os mais vulgares efeitos podem conduzir ao caminho dos maiores problemas. Se Newton tivesse desprezado a queda de uma maçã; se Galvani tivesse menosprezado sua criada, tratando-a de louca e visionária quando ela lhe falou das rãs que dançavam no prato, talvez estivessem ainda por serem descobertas a admirável lei da gravitação universal e as fecundas propriedades da pilha. O fenômeno que se designa sob o nome burlesco de dança das mesas, não é mais ridículo que o da dança das rãs, e talvez encerre, também, um desses segredos que revolucionam a Humanidade quando se tem sua chave".

Disseram ainda, por outro lado: "Uma vez que tantas pessoas deles se ocupam, uma vez que homens sérios deles fizeram um estudo, é preciso que haja aí alguma coisa. Uma ilusão, se se quer, não pode ter caráter de generalidade. Ela pode seduzir um círculo, uma comunidade, mas não o mundo todo. Guardemo-nos, pois, de negar a possibilidade do que não compreendemos sob pena de receber, cedo ou tarde, um desmentido que não fará o elogio da nossa perspicácia."

**Visitante – Muito bem, eis um sábio que raciocina com sabedoria e prudência e, sem ser sábio, penso como ele. Mas anotai que não afirma nada: ele duvida. Ora, sobre o que basear a crença na existência dos Espíritos e, sobretudo, na possibilidade de comunicação com eles?**

A. K. – Essa crença se apoia sobre o raciocínio e sobre os fatos. Eu mesmo não a adotei senão depois de um maduro exame. Tendo adquirido, nos estudos das ciências exatas, o hábito das coisas positivas, eu sondei, perscrutei essa nova ciência em seus detalhes mais ocultos. Eu quis conhecer tudo, porque não aceito uma ideia senão quando lhe conheço o porquê *e o como. Eis o raciocínio que me fez um sábio médico, outrora incrédulo, e hoje adepto fervoroso:*

"*Diz-se que os seres invisíveis se comunicam; e por que não? Antes da invenção do microscópio, supunha-se a existência desses bilhões de animálculos que causam tantos prejuízos na economia? Onde está a impossibilidade material de que haja no espaço seres que escapam aos nossos sentidos? Teríamos por acaso a ridícula pretensão de tudo saber e de dizer a Deus que ele nada mais nos pode ensinar? Se esses seres invisíveis que nos cercam são inteligentes, por que não se comunicariam conosco? Se eles estão em relação com os homens, devem desempenhar um papel na vida, nos acontecimentos. Quem sabe? pode ser uma das forças da Natureza, uma dessas forças ocultas que não supúnhamos existir. Que novo horizonte isso abriria ao pensamento! Que vasto campo de observação! A descoberta do mundo dos seres invisíveis seria diversa da dos infinitamente pequenos; isso seria mais que uma descoberta, seria uma revolução nas ideias. Que luz pode dela jorrar! quantas coisas misteriosas seriam explicadas! Aqueles que creem nisso, são ridicularizados; mas o que isso prova? Não ocorreu o mesmo com todas as grandes descobertas? Cristóvão Colombo não foi repelido, coberto de desgostos e tratado como insensato? Essas ideias, diz-se, são tão estranhas que nelas não se pode crer. Mas, àquele que tivesse dito, há somente meio século, que em alguns minutos poder-se-ia corresponder de uma parte à outra do mundo; que em algumas horas, atravessar-se-ia a França; que com o vapor de um pouco de água fervente um navio avançaria contra o vento; que se tiraria da água os meios de se iluminar e aquecer; que tivesse proposto iluminar toda Paris em um instante com um só reservatório de uma substância invisível, teria sido caçoado. É, pois, uma coisa mais prodigiosa que o espaço seja povoado por seres pensantes que, depois de terem vivido sobre a Terra, deixaram seus envoltórios materiais? Não se encontra nesse fato a explicação de uma multidão de crenças que remontam à mais alta antiguidade? Semelhantes coisas bem que valem a pena serem aprofundadas.*"

Eis as reflexões de um sábio, mas de um sábio sem pretensão, e que também o são de uma multidão de homens esclarecidos que viram, não superficialmente e com prevenção, e estudaram seriamente sem tomarem partido, mas que tiveram a modéstia de não dizer: eu não compreendo, portanto, isso não é verdade. Sua convicção formou-se pela observação e pelo raciocínio. Se essas ideias fossem quiméricas, pensais que todos esses *homens de elite as teriam adotado? que tivessem estado muito tempo víctima de uma ilusão?*

*Não há, pois, impossibilidade material à existência de seres invisíveis para nós e povoando o espaço, e só essa consideração deveria levar a uma maior circunspecção. Há pouco tempo, quem poderia pensar que uma gota de água límpida poderia encerrar milhares de seres de uma pequenez que confunde nossa imaginação? Ora, eu digo que era mais difícil à razão conceber seres de uma tal pequenez, providos de todos os nossos órgãos e funcionando como nós, que admitir aqueles que nós nomeamos Espíritos.*

**Visitante – Sem dúvida; mas do fato de uma coisa ser possível, não se segue que ela exista.**

*A. K. – De acordo; mas convireis que já é uma grande coisa desde que ela não é impossível, porque não tem nada que repugne à razão. Resta, pois, constatá-la pela observação dos fatos. Essa observação não é nova: a História, tanto sacra como profana, prova a antiguidade e a universalidade dessa crença, que se perpetuou através de todas as vicissitudes do mundo, e se encontra entre os povos mais selvagens, no estado de ideias inatas e intuitivas, gravadas no pensamento, como a do Ser Supremo e da existência futura. O Espiritismo, portanto, não é criação moderna, muito longe disso; tudo prova que os antigos o conheciam tão bem e talvez melhor que nós. Somente ele não foi ensinado senão com precauções misteriosas que o tornaram inacessível ao vulgo, deixado propositadamente na difícil situação supersticiosa.*

*Quanto aos fatos, eles são de duas naturezas: espontâneos e provocados. Entre os primeiros, é preciso situar as visões e aparições, que são muito frequentes; os ruídos, barulhos e movimentação de objetos sem causa material, e uma multidão de efeitos insólitos que se considerava como sobrenaturais, e que, hoje, nos parecem muito simples, porque, para nós, não há nada de sobrenatural uma vez que tudo se esconde nas leis imutáveis da Natureza. Os fatos provocados são aqueles que se obtêm por intermédio dos médiuns.*

## Falsas explicações dos fenômenos

### Alucinação – Fluido magnético – Reflexo do pensamento – Superexcitação cerebral – Estado sonambúlico dos médiuns.

**Visitante – É contra os fenômenos provocados que se exerce, so-**

**bretudo, a crítica. Coloquemos de lado toda suposição de charlatanismo, e admitamos uma inteira boa-fé; não se poderia pensar que eles próprios são joguetes de uma alucinação?**

A. K. – *Não é do meu conhecimento que se tenha, ainda, explicado claramente o mecanismo da alucinação. Tal como é entendida, é, todavia, um efeito muito singular e digno de estudo. Como, pois, aqueles que, através dela, pretendem explicar os fenômenos espíritas não podem explicitar sua explicação? Aliás, há fatos que escapam a essa hipótese: quando uma mesa, ou um outro objeto, se move, se eleva ou bate; quando ela passeia à vontade num quarto sem o contacto de alguém; quando ela se desprende do solo e se sustém no espaço, sem ponto de apoio; enfim, quando ela se quebra caindo, certamente isso não é uma alucinação. Supondo-se que o médium, por um efeito de sua imaginação, creia ver o que não existe, é provável que todo um grupo esteja tomado da mesma vertigem? que se repita por todos os lados, em todos os países? A alucinação, nesse caso, seria mais prodigiosa que o fato.*

**Visitante – Admitindo-se a realidade do fenômeno das mesas girantes e batedoras, não é mais racional atribuí-lo à ação de um fluido qualquer, o fluido magnético por exemplo?**

A. K. – *Tal foi o primeiro pensamento e eu o tive como tantos outros. Se os efeitos tivessem se limitado aos efeitos materiais, ninguém duvida que poder-se-ia explicar assim. Mas quando esses movimentos e golpes deram provas de inteligência, quando se reconheceu que respondiam ao pensamento com inteira liberdade, tirou-se esta consequência: se todo efeito tem causa, todo efeito inteligente tem uma causa inteligente. É isso o efeito de um fluido, a menos que se diga que esse fluido é inteligente? Quado vedes o manipulador do telégrafo fazer os sinais que transmitem o pensamento, sabeis bem que não são esses braços de madeira ou de ferro que são inteligentes, mas dizeis que uma inteligência os faz mover. Ocorre o mesmo com a mesa. Há, sim ou não, efeitos inteligentes? Esta é a questão. Aqueles que a contestam, são pessoas que não puderam ver tudo e se apressam em concluir segundo suas próprias ideias e sobre uma observação superficial.*

**Visitante – A isso responde-se que se há um efeito inteligente ele não é outra coisa senão a própria inteligência, seja do médium, seja do**

**interrogante, seja dos assistentes; porque, diz-se, a resposta está sempre no pensamento de alguém.**

A. K. – *Isso é ainda um erro, consequente de uma falsa observação. Se aqueles que assim pensam tivessem se dado ao trabalho de estudar o fenômeno em todas as suas fases, teriam, a cada passo, reconhecido a independência absoluta da inteligência que se manifesta. Como essa tese poderia se conciliar com respostas que estão fora da capacidade intelectual e de instrução do médium? que contradizem suas ideias, seus desejos, suas opiniões, ou que confundem completamente as previsões dos assistentes? de médiuns que escrevem em um idioma que não conhecem, ou em seu próprio idioma, quando eles não sabem nem ler nem escrever? Essa opinião, à primeira vista, não tem nada de irracional, eu convenho, porém, ela é desmentida pelos fatos de tal modo numerosos e concludentes, dos quais não é mais possível duvidar.*

*De resto, admitindo-se mesmo essa teoria, o fenômeno, longe de ser simplificado, seria bem mais prodigioso. Ora, o pensamento se refletiria sobre uma superfície como a luz, o som e o calor? Na verdade, haveria nisso motivo para exercer a sagacidade da ciência. Aliás, o que se adicionaria ainda ao maravilhoso, é que, sobre vinte pessoas reunidas, seria precisamente o pensamento de tal ou tal que seria refletido, e não o pensamento de tal outra. Um semelhante sistema é insustentável. É verdadeiramente curioso ver os contraditores se esforçarem em procurar causas cem vezes mais extraordinárias e difíceis de compreender do que as que se lhes fornece.*

**Visitante – Não se poderia admitir, segundo a opinião de alguns, que o médium está em um estado de crise e goze de uma lucidez que lhe dá uma percepção sonambúlica, uma espécie de dupla vista, o que explicaria a extensão momentânea das faculdades intelectuais? Por que, diz-se, as comunicações obtidas pelo médium não ultrapassam a importância daqueles que se obtêm pelos sonâmbulos?**

A. K. – *É isso, ainda, um desses sistemas que não suporta um exame aprofundado. O médium não está em crise, nem em sono, mas perfeitamente desperto, agindo e pensando como todo o mundo, sem nada ter de extraordinário. Certos efeitos particulares puderam dar lugar a esse equívoco. Mas, qualquer um que não se limite a julgar as coisas por um único aspecto, reconhecerá, sem esforço, que o médium é dotado de uma faculdade particular que não permite confundi-lo com o sonâmbulo, e a completa independência do seu pensamento é provada por fatos da máxima evidência. Abstração feita das comunicações escritas, qual é o sonâmbulo que fez brotar um pensamento de um corpo inerte? que produziu aparições visíveis e mesmo tangíveis? que pode manter um corpo pesado no espaço sem ponto de apoio? Foi por um efeito sonambúlico que um médium desenhou, um dia, para mim, em presença de vinte testemunhas, o retrato de uma jovem que morreu dezoito meses antes e que jamais havia conhecido, retrato reconhecido pelo pai presente à sessão? É por um efeito sonambúlico que uma mesa responde com precisão às questões propostas, mesmo mentalmente? Seguramente, se se admite que o médium esteja em um estado magnético, me parece difícil crer-se que a mesa seja sonâmbula.*

*Diz-se, ainda, que os médiuns não falam claramente senão de coisas conhecidas. Como explicar o fato seguinte e cem outros do mesmo gênero? Um de meus amigos, muito bom médium escrevente, perguntou a um Espírito se uma pessoa, que ele havia perdido de vista há quinze anos, estava ainda neste mundo. "Sim, ela vive ainda, respondeu-lhe; ela mora em Paris, à rua tal, número tal." Ele vai e encontra a pessoa no endereço indicado. É isso ilusão? Seu pensamento poderia tanto menos sugerir-lhe essa resposta pois, em razão da idade da pessoa, havia toda possibilidade de que ela não existisse mais. Se, em certos casos, viram-se respostas concordarem com o pensamento, é racional concluir daí que isso seja uma lei geral? Nisso, como em todas as coisas, os julgamentos precipitados são sempre perigosos, porque podem estar enfraquecidos pela não observação dos fatos.*

## Os incrédulos não podem ver para se convencerem

**Visitante** – **São os fatos positivos que os incrédulos querem ver, que eles pedem e, na maioria das vezes, não se pode lhes fornecer. Se todo mundo pudesse testemunhar esses fatos, a dúvida não seria mais permitida. Como ocorre, pois, que tanta gente nada tenha podido ver, malgrado sua boa vontade? Se os contesta dizendo faltar-lhes fé, a isso**

**respondem, com razão, que não podem ter uma fé antecipada, e que se quer que eles creiam é preciso dar-lhes os meios de crerem.**

A. K. – *A razão é bem simples. Eles querem os fatos sob seu comando e os Espíritos não obedecem a ele; é preciso esperar sua boa vontade. Não basta, pois, dizer: mostre-me tal fato e eu crerei; é preciso ter vontade e perseverança, deixar os fatos se produzirem espontaneamente, sem pretender forçá-los ou dirigi-los. Aquele que desejais, talvez seja precisamente o que não obtereis; mas se apresentarão outros, e aquele que quereis virá no momento em que menos esperais. Aos olhos do observador atento e assíduo, os fatos se somam e se corroboram uns aos outros, mas aquele que crê bastar virar uma manivela para mover a máquina, se engana extraordinariamente. Que faz o naturalista que quer estudar os costumes de um animal? Leva-o a fazer tal ou tal coisa para ter todo o tempo de observação à sua vontade? Não, porque sabe bem que não será obedecido; ele* espreita *as manifestações espontâneas do seu instinto; espera-as e as apreende quando ocorrem. O simples bom-senso mostra que, por mais forte razão, deve ocorrer o mesmo com os Espíritos, que são inteligências com independência bem diversa da dos animais.*

*É um erro crer que a fé seja necessária; mas a* boa fé *é outra coisa. Ora, há cépticos que negam até a evidência, e que os prodígios não poderiam convencer. Quantos há que, depois de terem visto, não persistem menos em explicar os fatos à sua maneira, dizendo que isso não prova nada! Essas pessoas não servem senão para levar a perturbação às reuniões, sem proveito para elas mesmas; é por isso que as repelimos e não queremos perder tempo com elas. Ocorre mesmo que ficariam bem irritadas de serem forçadas a crer, porque seu amor próprio sofreria em concordar que estavam enganadas. Que responder a essas pessoas que não veem por toda parte senão a ilusão e o charlatanismo? Nada; é preciso deixá-las tranquilas e dizer, tanto como querem, que elas nada viram, e mesmo que não se pôde ou não se quis fazê-las ver.*

*Ao lado desses cépticos endurecidos, há aqueles que querem ver à sua maneira; que tendo formado uma opinião, querem com ela tudo relacionar: eles não compreendem que os fenômenos não possam obedecer à sua vontade; eles não sabem, ou não querem, se colocar nas condições necessárias. Aquele que quer observar de boa-fé deve – não digo crer sob palavra, mas se despojar de toda ideia preconcebida – não querer comparar coisas incompatíveis. Deve esperar, continuar, observar com uma paciência infatigável; esta condição mesma está a favor dos adeptos, uma vez que ela prova que sua convicção não se formou levianamente. Tendes essa paciência? Não, dizeis, eu não tenho tempo. Então não vos ocupeis com os fenômenos, nem deles faleis; ninguém a isso vos obriga.*

## Boa ou má vontade dos Espíritos para convencerem

**Visitante – Os Espíritos devem ter interesse em fazer prosélitos. Por que não consentem, mais do que o fazem, nos meios para convencer certas pessoas, cuja opinião seria de uma grande influência?**

*A. K. – É que, aparentemente, no momento, eles não têm interesse em convencer certas pessoas, cuja importância não medem como elas mesmas o fazem. É pouco lisonjeiro, eu convenho, mas nós não comandamos suas opiniões, pois os Espíritos têm um modo de julgar as coisas que não é sempre o nosso. Eles veem, pensam e agem segundo outros elementos; enquanto nossa visão está circunscrita pela matéria, limitada pelo círculo estreito no meio do qual nos encontramos, eles abarcam o conjunto. O tempo, que nos parece tão longo, para eles é um instante, assim como a distância, que não é senão um passo; certos detalhes, que nos parecem de uma importância extrema, para eles são pueris; em compensação, acham importantes, coisas das quais não compreendemos a importância. Para compreendê-los, é preciso se elevar pelo pensamento acima do nosso horizonte material e moral, e nos colocar em sua posição; não cabe a eles descerem até nós, mas cabe a nós nos elevarmos até eles, e é a isso que nos conduz o estudo e a observação.*

*Os Espíritos apreciam os observadores assíduos e conscienciosos, para os quais multiplicam as fontes de luz; o que os afasta não é a dúvida que nasce da ignorância, mas a fatuidade desses pretensos observadores que, nada tendo observado, pretendem colocá-los na berlinda e manobrá-los como a marionetes; é sobretudo o sentimento de hostilidade e de difamação que carregam consigo e que está em seu pensamento, se não está em suas palavras. Para estes, os Espíritos nada fazem e se inquietam muito pouco com aquilo que eles possam falar ou pensar, porque sua vez chegará. Por isso eu disse que o necessário não é a fé, mas a boa-fé.*

# Origem das ideias espíritas modernas

**Visitante** – Uma coisa que eu desejaria saber, senhor, é o ponto de partida das ideias espíritas modernas; elas são o resultado de uma revelação espontânea dos Espíritos ou o resultado de uma crença anterior à sua existência? Compreendeis a importância da minha pergunta, porque, neste último caso, poder-se-ia crer que a imaginação não pode ser posta de lado.

*A. K. – Esta questão, senhor, como o dissestes, é importante nesse ponto de vista, embora seja difícil admitir-se, supondo-se que essas ideias tenham nascido de uma crença antecipada, que a imaginação tenha podido produzir todos os resultados materiais observados. Com efeito, se o Espiritismo estivesse baseado sobre o pensamento preconcebido da existência dos Espíritos, poder-se-ia, com alguma aparência de razão, duvidar da sua realidade, porque se a causa é uma quimera, as próprias consequências devem ser quiméricas. Mas as coisas não se passam assim.*

*Anotai primeiro que essa sequência seria completamente ilógica. Os Espíritos são causa e não efeito; quando se vê um efeito, pode-se procurar a sua causa, mas não é natural imaginar uma causa antes de ter visto os efeitos. Não se poderia, pois, conceber o pensamento dos Espíritos se não estivessem presentes os efeitos que encontrassem sua explicação provável na existência de seres invisíveis. Pois bem, não foi assim que esse pensamento surgiu, quer dizer, não foi uma hipótese imaginada para explicar certos fenômenos; a primeira suposição que se fez deles foi de uma causa inteiramente material. Assim, longe de os Espíritos terem sido uma ideia preconcebida, partiu-se do ponto de vista materialista, o qual sendo incapaz de tudo explicar, a própria observação conduziu à causa espiritual. Eu falo das ideias espíritas modernas, uma vez que nós sabemos ser essa crença tão velha quanto o mundo. Eis aqui a sequência das coisas.*

*Fenômenos espontâneos se produziram, tais os ruídos estranhos, pancadas, movimento de objetos, etc., sem causa ostensiva conhecida, e esses fenômenos puderam ser reproduzidos sob a influência de certas pessoas. Até aí nada autorizava a procurar a causa além da ação de um fluido magnético ou outro cujas propriedades eram ainda desconhecidas. Mas não se tardou em reconhecer, nesses ruídos e nesses movimentos, um* caráter intencional e inteligente, do que se concluiu, como já disse, que: se todo efeito tem uma causa, todo efeito inteligente tem uma causa inteligente. Essa inteligência não poderia estar no próprio objeto, porque a matéria não é inteligente. Era o reflexo da inteligência da pessoa ou das pessoas presentes? Assim se pensou primeiro, como eu disse igualmente. Só a experiência poderia se pronunciar, e a experiência demonstrou, por provas irrecusáveis, em muitas circunstâncias, a completa independência dessa inteligência. Ela estava, pois, fora do objeto e fora da pessoa. Quem era ela? Foi ela mesma quem respondeu, declarando pertencer à ordem de seres incorpóreos, designados sob o nome de Espíritos. A ideia dos Espíritos, pois, não preexistiu nem foi mesmo consecutiva; em uma palavra, ela não saiu do cérebro, mas foi dada pelos próprios Espíritos, e tudo o que soubemos depois a seu respeito, foram eles que nos ensinaram.

Uma vez revelada a existência dos Espíritos e estabelecidos os meios de comunicação, pôde-se ter conversações seguidas e obter esclarecimentos sobre a natureza desses seres, as condições da sua existência, seu papel no mundo visível. Se se pudesse interrogar assim os seres do mundo dos infinitamente pequenos, que coisas curiosas não se aprenderia sobre eles!

Supondo-se que, antes do descobrimento da América, existisse um fio elétrico através do Atlântico, e que na sua extremidade europeia fossem notados sinais inteligentes, se poderia concluir que, na outra extremidade, havia seres inteligentes procurando se comunicar; ter-se-ia podido questioná-los, e eles teriam respondido. Adquirir-se-ia assim, a certeza da sua existência, o conhecimento dos seus costumes, dos seus hábitos, da sua maneira de ser, sem jamais tê-los visto. Ocorre o mesmo nas relações com o mundo invisível; as manifestações materiais foram como sinais, meios de advertências, que nos colocaram na trilha de comunicações mais regulares e mais continuadas. E, coisa notável, à medida que os meios mais fáceis de comunicação estão à nossa disposição, os Espíritos abandonam os meios primitivos, insuficientes e incômodos, como o mudo que recupera a palavra renuncia à linguagem dos sinais.

Que eram os habitantes desse mundo? Eram seres à parte, fora da Humanidade? Eram bons ou maus? Foi ainda a experiência que se encarregou de resolver essas questões. Mas, até que numerosas observações deitaram luz sobre esse assunto, o campo das conjecturas e dos sistemas *estava aberto, e Deus sabe quantas surgiram! Alguns acreditaram serem os Espíritos superiores a tudo, outros não viam neles senão demônios. Foi por suas palavras e seus atos que se pôde julgá-los. Suponhamos que entre os habitantes transatlânticos desconhecidos, dos quais falamos, uns tivessem dito coisas boas, enquanto outros fossem notados pelo cinismo de sua linguagem, ter-se-ia concluído que haveria bons e maus. Foi a isso que se chegou com os Espíritos, reconhecendo-se entre eles todos os graus de bondade e de maldade, de ignorância e de saber. Uma vez sabedores dos seus defeitos e qualidades, cabe à nossa prudência distinguir o bom do mau, o verdadeiro do falso em suas relações conosco, absolutamente como nós fazemos com respeito aos homens.*

A observação não só nos esclareceu sobre as qualidades morais dos Espíritos, mas também sobre sua natureza e sobre o que poderíamos chamar seu estado fisiológico. Soube-se, pelos próprios Espíritos, que uns são muito felizes e outros muito infelizes; que eles não são seres à parte, de uma natureza excepcional, mas que são as almas daqueles que viveram sobre a Terra, onde deixaram seu envoltório corporal, que povoam os espaços, nos cercam e nos acotovelam sem cessar, e, entre eles, cada um pôde reconhecer, por sinais incontestáveis, seus parentes, seus amigos e aqueles que conheceu neste mundo. Pôde-se segui-los em todas as fases de sua existência de além-túmulo, desde o instante em que deixaram seus corpos, e observar sua situação segundo o gênero de morte e a maneira pela qual viveram sobre a Terra. Soube-se, enfim, que não são seres abstratos, imateriais, no sentido absoluto da palavra, eles têm um envoltório, ao qual demos o nome de perispírito, espécie de corpo fluídico, vaporoso, diáfano, invisível em seu estado normal, mas que, em certos casos, e por uma espécie de condensação ou de disposição molecular pode tornar-se momentaneamente visível e mesmo tangível e, desde então, foi explicado o fenômeno das aparições e dos toques sobre elas. Esse envoltório existe durante a vida do corpo e é o laço entre o Espírito e a matéria; na morte do corpo, a alma ou o Espírito, o que são a mesma coisa, não se despoja senão do envoltório grosseiro, conservando o segundo, como quando nós tiramos uma roupa de cima para conservar apenas a de baixo, como o germe de um fruto se despoja do envoltório cortical e não conserva senão o perisperma. É esse envoltório semimaterial do Espírito o agente dos diferentes fenômenos por meio do qual ele manifesta sua presença.

Tal é, em poucas palavras, senhor, a história do Espiritismo; vedes e o reconhecereis ainda melhor, quando o tiverdes estudado a fundo, que tudo nele é o resultado da observação e não de um sistema preconcebido.

## Meios de comunicação

**Visitante – Falastes de meios de comunicação; poderíeis dar-me uma ideia deles, porque é difícil compreender como esses seres invisíveis podem conversar conosco?**

*A. K. – De bom grado; todavia, o farei ligeiramente porque isso exigiria um desenvolvimento muito grande, que encontrareis notadamente em* O Livro dos Médiuns. *Mas o pouco que vos direi bastará para vos colocar a par do mecanismo e servirá, sobretudo, para compreenderdes melhor algumas experiências às quais poderíeis assistir até vossa iniciação completa.*

*A existência desse envoltório semimaterial, ou perispírito, é já uma chave que explica muitas coisas e mostra a possibilidade de certos fenômenos. Quanto aos meios, eles são muito variados e dependem, seja da natureza mais ou menos depurada dos Espíritos, seja das disposições particulares às pessoas que lhes servem de intermediárias. O mais vulgar, aquele que se pode dizer universal, consiste na intuição, quer dizer, nas ideias e pensamentos que eles nos sugerem; mas esse meio é muito pouco apreciável na generalidade dos casos. Há outros mais materiais.*

*Certos Espíritos se comunicam por pancadas, respondendo por sim ou por não, ou designando as letras que devem formar as palavras. As pancadas podem ser obtidas pelo movimento basculante de um objeto, uma mesa, por exemplo, que bate o pé. Frequentemente, eles se fazem ouvir na própria substância dos corpos, sem movimento destes. Esse modo primitivo é demorado e dificilmente se presta ao desenvolvimento de ideias de uma certa extensão. A escrita a substituiu, obtendo-se esta de diferentes maneiras. Primeiro serviu-se, e algumas vezes se usa ainda, de um objeto móvel, como uma pequena prancheta, uma cesta, uma caixa, à qual se adapta um lápis cuja ponta repousa sobre o papel. A natureza e a substância do objeto são indiferentes. O médium coloca as mãos sobre esse objeto, transmitindo-lhe a influência que recebe do Espírito, e o lápis traça os caracteres. Mas esse objeto não é, propriamente falando, senão um apêndice da mão, uma espécie de porta-lápis.* Reconheceu-se *depois a inutilidade desse intermediário, que é apenas uma complicação do processo, cujo único mérito é de constatar, de uma maneira material, a independência do médium, que pode escrever tomando ele próprio o lápis.*

*Os Espíritos se manifestam ainda, e podem transmitir seus pensamentos, por sons articulados que repercutem, seja no vago do ar, seja no ouvido, pela voz do médium, pela vista, por desenhos, pela música e por outros meios que um estudo completo faz conhecer. Os médiuns têm, para esses diferentes meios, aptidões especiais que se prendem ao seu organismo. Temos, assim, os médiuns de efeitos físicos, quer dizer, os que estão aptos a produzir fenômenos materiais como as pancadas, o movimento dos corpos, etc; os médiuns audientes, falantes, videntes, desenhistas, musicistas, escreventes. Esta última faculdade é a mais comum e se desenvolve pelo exercício; é também a mais preciosa, pois é a que permite comunicações mais frequentes e mais rápidas.*

*O médium escrevente apresenta numerosas variedades, das quais duas muito distintas. Para entendê-las é preciso inteirar-se da maneira pela qual se opera o fenômeno. O Espírito, algumas vezes, age diretamente sobre a mão do médium à qual imprime um impulso, independentemente da sua vontade, e sem que este tenha consciência do que escreve:* é o médium escrevente mecânico. *Outras vezes o Espírito age sobre o cérebro; seu pensamento atravessa o do médium que, então, embora escrevendo de uma maneira involuntária, tem uma consciência mais ou menos nítida do que obtém; é o* médium intuitivo. *Seu papel é exatamente o de um intérprete que transmite um pensamento que não é o seu e que, todavia, deve compreender. Ainda que, neste caso, o pensamento do Espírito e o do médium se confundam algumas vezes, a experiência ensina a distingui-los facilmente. Obtêm-se, igualmente, boas comunicações por esses dois gêneros de médiuns; a vantagem dos que são mecânicos é, sobretudo, para as pessoas que ainda não estão convencidas. De resto, a qualidade essencial de um médium está na natureza dos Espíritos que o assistem e nas comunicações que ele recebe, bem mais que nos meios de execução.*

**Visitante – O procedimento me parece dos mais simples. Ser-me-ia possível experimentá-lo eu mesmo?**

A. K. *Perfeitamente; eu digo mesmo que se estiverdes dotado da faculdade medianímica, esse seria o melhor meio de vos convencer, porque não poderíeis duvidar de vossa boa-fé. Só que vos exorto vivamente a não tentar nenhum ensaio antes de ter estudado com atenção. As comunicações de além-túmulo estão cercadas de mais dificuldades do que se pensa; elas não estão isentas de inconvenientes, e mesmo de perigo, para aqueles a quem falta a experiência necessária. Ocorre aqui como ao que quisesse fazer manipulações químicas sem saber química: correria o risco de queimar os dedos.*

**Visitante – Há algum indício pelo qual se possa reconhecer essa aptidão?**

A. K. – *Até o presente não se conhece nenhum diagnóstico para a mediunidade; todos os que se acreditou reconhecer, não têm nenhum valor. Ensaiar é o único meio de saber se se é dotado. De resto, os médiuns são muito numerosos e é muito raro que, quando não o sejamos, que não encontremos entre os membros da família e das pessoas que nos cercam. O sexo, a idade e o temperamento são indiferentes; são encontrados entre os homens e entre as mulheres, as crianças e os velhos, as pessoas que se portam bem e as que estão doentes.*

*Se a mediunidade se traduzisse por um sinal exterior qualquer, isso implicaria na permanência da faculdade, ao passo que ela é essencialmente móvel e fugidia. Sua causa física está na assimilação, mais ou menos fácil, dos fluidos perispirituais do encarnado e do Espírito desencarnado. Sua causa moral está na vontade do Espírito que se comunica quando isso lhe apraz, e não na nossa vontade, do que resulta, em primeiro lugar, que todos os Espíritos não podem se comunicar indiferentemente por todos os médiuns e, em segundo lugar, que todo médium pode perder ou ter suspensa sua faculdade no momento em que menos o espera. Essas poucas palavras bastam para vos mostrar que há todo um estudo a fazer para poder se inteirar das variações que esse fenômeno apresenta.*

*Seria, pois, um erro crer-se que todo Espírito pode atender ao apelo que lhe é feito e se comunicar pelo primeiro médium que encontra. Para que um Espírito se comunique, é preciso primeiro que lhe convenha fazê-lo; em segundo lugar, que sua posição ou suas ocupações lhe permitam; em terceiro lugar, que ele encontre no médium um instrumento propício, apropriado à sua natureza.*

Em princípio, pode-se comunicar com os Espíritos de todas as ordens, com seus parentes e seus amigos, com os Espíritos mais elevados, como com os mais vulgares. Mas, independentemente das condições individuais de possibilidade, eles vêm mais ou menos voluntariamente segundo as circunstâncias e, sobretudo, em razão de sua simpatia pelas pessoas que os chamam, e não pela requisição da primeira pessoa que tenha a fantasia de os evocar por um sentimento de curiosidade; em caso semelhante eles não se importariam quando vivos e não o fazem mais depois da sua morte.

Os Espíritos sérios não vêm senão nas reuniões sérias, onde são chamados com recolhimento e por motivos sérios. Eles não se prestam a nenhuma questão de curiosidade, de prova, ou tendo um objetivo fútil, nem a nenhuma experiência.

Os Espíritos levianos vão por toda parte; mas nas reuniões sérias se calam e se afastam para escutar, como o faria um escolar em uma douta assembleia. Nas reuniões frívolas eles se divertem, distraem-se com tudo e, frequentemente, zombam dos assistentes, e respondem a todos sem se inquietarem com a verdade.

Os Espíritos ditos batedores, e geralmente todos aqueles que produzem manifestações físicas, são de uma ordem inferior, sem, por isso, serem essencialmente maus; eles têm uma aptidão de alguma sorte especial para os efeitos materiais. Os Espíritos superiores não se ocupam mais dessas coisas que nossos sábios de fazerem exibição de força; se disso têm necessidade, servem-se desses Espíritos de ordem inferior, como nós nos servimos de serviçais para o trabalho pesado.

## Os médiuns interesseiros

**Visitante – Antes de se entregarem a um estudo de fôlego, certas pessoas gostariam de ter a certeza de não perderem seu tempo, certeza que lhes daria um fato concludente, mesmo obtido ao preço do dinheiro.**

A. K. – Naquele que não quer se dar ao trabalho de estudar, há mais de curiosidade que desejo real de se instruir. Ora, os Espíritos não gostam mais de curiosos que eu próprio. Aliás, a cupidez lhes é, sobretudo, antipática, e eles não se prestam a nada que possa satisfazê-la. Seria preciso ter deles uma ideia bem errada para crer que os Espíritos superiores, como Fénelon, Bossuet, Pascal, Santo Agostinho, por exemplo, se colocassem às ordens do primeiro que os solicitasse, a tanto por hora. Não, senhor, as comunicações de além-túmulo são uma coisa muito grave, e exigem muito respeito, para servirem de exibição.

Aliás, sabemos que os fenômenos espíritas não se desenrolam como as engrenagens de um mecanismo, uma vez que dependem da vontade dos Espíritos. Mesmo admitindo-se a aptidão medianímica, ninguém pode responsabilizar-se de os obter em tal momento dado. Se os incrédulos são levados a suspeitarem da boa-fé dos médiuns em geral, seria bem pior se estes tivessem um estimulante interesse; poder-se-ia suspeitar, com todo direito, que o médium retribuiria com simulação, porque ele precisaria, antes de tudo, ganhar seu dinheiro. Não somente o desinteresse absoluto é a melhor garantia de sinceridade, como repugnaria à razão evocar a peso de ouro os Espíritos de pessoas que nos são caras, supondo que eles a isso consentissem, o que é mais que duvidoso. Não haveria, em todos os casos, senão Espíritos inferiores, pouco escrupulosos quanto aos meios, e que não mereceriam nenhuma confiança. Estes mesmos, ainda, frequentemente, agem com um prazer maldoso, frustrando as combinações e os cálculos dos seus evocadores.

A natureza da faculdade mediúnica se opõe, pois, a que ela se torne uma profissão, uma vez que depende de uma vontade estranha ao médium, e ela poderia faltar-lhe no momento que dela tivesse necessidade, a menos que ele a supra pela agilidade. Mas, em se admitindo mesmo uma inteira boa-fé, desde que os fenômenos não se obtêm à vontade, seria um efeito do acaso se, na sessão que se tivesse pago, se produzisse precisamente aquilo que se desejaria para se convencer. Daríeis cem mil francos a um médium e não o faríeis obter dos Espíritos o que estes não quisessem fazer. Essa paga, que desnaturaria a intenção e a transformaria em um violento desejo de lucro, seria mesmo, ao contrário, um motivo para que ele não tivesse sucesso. Se se está bem compenetrado dessa verdade, que a afeição e a simpatia são as mais poderosas motivações de atração dos Espíritos, compreender-se-ia que eles não podem ser solicitados com o pensamento de os usarem para ganhar dinheiro.

Aquele, pois, que tem necessidade de fatos para se convencer, deve *provar aos Espíritos sua boa vontade por uma observação séria e paciente, se quer por eles ser secundado. Mas, se é verdadeiro que a fé não se impõe, não o é menos dizer-se que ela não se compra.*

**Visitante – Eu compreendo esse raciocínio sob o ponto de vista moral; entretanto, não é justo que aquele que dá seu tempo no interesse de seu ideal, dele seja indenizado, se isso o impede de trabalhar para viver?**

*A. K. – Em primeiro lugar, é no interesse da causa que ele o faz ou é no seu próprio interesse? Se mudou sua posição, é que não estava satisfeito e que esperava ganhar mais ou ter menos trabalho nesse novo ofício. Não há nenhum devotamento em dar seu tempo quando é para dele tirar proveito. É como se se dissesse que o padeiro fabrica o pão no interesse da Humanidade. A mediunidade não é o único recurso; sem ela eles seriam obrigados a ganharem a vida de outra maneira. Os médiuns verdadeiramente sérios e devotados, quando não têm uma existência independente, procuram os meios de vida em seu trabalho normal, e não mudam sua posição. Eles não consagram à mediunidade senão o tempo que podem dar-lhe sem prejuízo e se o tomam do seu lazer ou do seu repouso, espontaneamente, então são devotados e se os estima e respeita mais por isso.*

*A multiplicidade de médiuns nas famílias, aliás, torna os médiuns profissionais inúteis, mesmo supondo-se que eles oferecem todas as garantias desejáveis, o que é muito raro. Sem o descrédito que se atribui a esse gênero de exploração, do qual me felicito de ter contribuído grandemente, ver-se-ia pulularem os médiuns mercenários e os jornais se cobrirem dos seus anúncios. Ora, para um que tivesse podido ser leal, haveria cem charlatães que, abusando de uma faculdade real ou simulada, teriam feito o maior mal ao Espiritismo. É, pois, como princípio que todos aqueles que veem no Espiritismo alguma coisa além de exibição de fenômenos curiosos, que compreendem e estimam a dignidade, a consideração e os verdadeiros interesses da doutrina, reprovam toda espécie de especulação, sob qualquer forma ou disfarce que ela se apresente. Os médiuns sérios e sinceros, e eu dou esse nome àqueles que compreendem a santidade do mandato que Deus lhes confiou, evitam até na aparência o que poderia fazer pairar sobre eles a menor suspeita de cupidez. A acusação de tirar um proveito qualquer de sua faculdade, seria para eles uma injúria.*

*Concordai, senhor, inteiramente incrédulo que sois, que um médium nessas condições faria sobre vós uma outra impressão se tivésseis pago vosso lugar para vê-lo operar, ou mesmo que tivésseis obtido uma entrada de favor, se sabíeis que havia em tudo isso uma questão de dinheiro. Concordai que, vendo o médium animado de um verdadeiro sentimento religioso, estimulado só pela fé e não pelo desejo de ganho, involuntariamente ele se imporia ao vosso respeito, fosse ele o mais humilde proletário, e vos inspiraria mais confiança, porque não teríeis nenhum motivo para suspeitar de sua lealdade. Pois bem, senhor, encontrareis nestas condições mil por um, e é isso uma das causas que contribuíram poderosamente para o crédito e a propagação da doutrina, enquanto que se ela não tivesse tido senão intérpretes interesseiros, ela não contaria hoje a quarta parte dos adeptos que tem.*

*Compreende-se muito bem que os médiuns profissionais são raríssimos, pelo menos na França; que são desconhecidos na maioria dos centros espíritas do país, onde a reputação dos mercenários bastaria para os excluir de todos os grupos sérios, e onde, para eles, o ofício não seria lucrativo, em razão do descrédito de que seriam objeto e da concorrência de médiuns desinteressados que se encontram por toda parte. Para suprir, seja a faculdade que lhe falta, seja a insuficiência da clientela, há supostos médiuns que usam o jogo de cartas, a clara de ovo, a borra de café, etc., a fim de satisfazer todos os gostos, esperando por esses meios, na falta dos Espíritos, atrair aqueles que ainda creem nessas tolices. Se eles não fizessem mal senão a si mesmos, o mal seria insignificante; contudo, há pessoas que, sem ir mais longe, confundem o abuso com a realidade e depois os mal intencionados delas se aproveitam para dizer que nisso consiste o Espiritismo. Vede, pois, senhor, que a exploração da mediunidade conduzindo aos abusos prejudiciais à doutrina, o Espiritismo sério tem razão de a condenar e de a repudiar como auxiliar.*

**Visitante – Tudo isso é muito lógico, eu convenho, mas os médiuns desinteressados não estão à disposição dos que os buscam, e não é justo desviá-los do seu trabalho, enquanto que não se teria escrúpulos de procurar aqueles que se fazem pagar, porque se sabe não fazê-los perder seu tempo. Se houvesse *médiuns públicos*, seria mais fácil para as pessoas que querem se convencer.**

*A. K. – Mas se os médiuns públicos, como os chamais, não oferecem* as garantias desejadas, que utilidade podem ter para a convicção? O inconveniente que assinalais não destrói aqueles bem mais graves a que me referi. Ir-se-ia até eles mais por divertimento ou para tirar a sorte, que para se instruir. Aquele que quer, seriamente, se convencer encontra, cedo ou tarde, os meios para isso, se tem perseverança e boa vontade. Mas não é porque assistiu a uma sessão que se convencerá, se para isso não está preparado. Se ela lhe dá uma impressão desfavorável, ficará pior que antes e talvez desanimado de continuar um estudo no qual nada viu de sério; isso é o que prova a experiência.

Mas ao lado das considerações morais, os progressos da ciência espírita nos mostram hoje uma dificuldade material, que não supusemos no início, fazendo-nos conhecer melhor as condições sob as quais se produzem as manifestações. Essa dificuldade diz respeito às afinidades fluídicas que devem existir entre o Espírito evocado e o médium.

Coloco de lado todo pensamento de fraude e de mistificação e suponho a mais completa lealdade. Para que um médium profissional pudesse oferecer toda segurança às pessoas que viessem a consultá-lo, seria preciso que ele possuísse uma faculdade permanente e universal, quer dizer, que pudesse se comunicar facilmente com todos os Espíritos e a qualquer momento, para estar constantemente à disposição do público, como um médico, e satisfazer a todas as evocações que lhe fossem pedidas. Ora, isso não ocorre com nenhum médium, não mais nos desinteressados que nos outros, e isso por causas independentes da vontade do Espírito, mas que não posso desenvolver aqui porque não vos estou dando um curso de Espiritismo. Eu me limitarei a dizer que as afinidades fluídicas, que são o próprio princípio das faculdades mediúnicas, são individuais e não gerais, e que podem existir do médium para tal Espírito e não a tal outro; que sem essas afinidades, cujas nuances são muito diversificadas, as comunicações são incompletas, falsas ou impossíveis; que, o mais frequentemente, a assimilação fluídica entre o Espírito e o médium não se estabelece senão com o tempo, é que não ocorre, uma vez em dez, que ela seja completa desde a primeira vez. Como vedes, senhor, a mediunidade está subordinada a leis, de alguma sorte orgânicas, às quais todo médium está sujeito. Ora, não se pode negar que isso não seja um escolho para a mediunidade profissional, uma vez que a possibilidade e a exatidão das comunicações prendem-se a causas independentes do médium e do Espírito (ver adiante cap. II, parágrafo Dos Médiuns).

Se, pois, repelimos a exploração da mediunidade, não é nem por capricho nem por espírito de sistema, mas porque os próprios princípios que regem as comunicações com o mundo invisível se opõem à regularidade e à precisão necessárias para aquele que se coloca à disposição do público, e que o desejo de satisfazer a uma clientela pagante conduz ao abuso. Disso não concluo que todos os médiuns interesseiros são charlatães, mas digo que o interesse de ganho conduz ao charlatanismo e autoriza a suposição de fraude se não a justifica. Aquele que quer se convencer deve, antes de tudo, procurar os elementos de sinceridade.

## Os médiuns e os feiticeiros

**Visitante – Desde o instante em que a mediunidade consiste em se colocar em comunicação com as forças ocultas, parece-me que médiuns e feiticeiros são mais ou menos sinônimos.**

A. K. – Houve em todas as épocas médiuns naturais e inconscientes que, só porque produziam fenômenos insólitos e incompreendidos, foram qualificados de feiticeiros e acusados de pactuarem com o diabo. Ocorreu o mesmo com a maioria dos sábios que possuíam conhecimentos acima do vulgar. A ignorância exagerou seu poder e, eles mesmos, frequentemente, abusaram da credulidade pública, explorando-a; daí a justa reprovação de que foram objeto. Basta comparar o poder atribuído aos feiticeiros e a faculdade dos verdadeiros médiuns, para estabelecer-lhes a diferença, mas a maioria dos críticos não se dão a esse trabalho. O Espiritismo, longe de ressuscitar a feitiçaria, a destruiu para sempre, despojando-a do seu pretenso poder sobrenatural, de suas fórmulas, de seus livros de magia, amuletos e talismãs, reduzindo os fenômenos possíveis ao seu justo valor, sem sair das leis naturais.

A semelhança que certas pessoas pretendem estabelecer, provém do erro em que se encontram, de que os Espíritos estão às ordens dos médiuns; repugna à sua razão crer que possa depender de alguém, fazer vir à sua vontade e chamado, o Espírito de tal ou tal personagem mais ou menos ilustre; nisso estão perfeitamente com a verdade, e se, antes de atirar pedra ao Espiritismo, tivessem se dado ao trabalho de dele se inteirar, saberiam que ele diz positivamente que os Espíritos não estão ao capricho de ninguém, e que ninguém pode, à vontade, fazê-los vir a contragosto; do que se segue que os médiuns não são feiticeiros.

**Visitante – Desse modo, todos os efeitos que certos médiuns acreditados obtêm, à vontade e em público, não seriam, segundo vós, senão hipocrisia?**

A. K. – *Eu não o digo de um modo absoluto. Tais fenômenos não são impossíveis porque há Espíritos inferiores que podem se prestar a essas espécies de coisas, e que nelas se divertem, talvez tendo já feito, em suas vidas, o trabalho dos prestidigitadores, e também médiuns especialmente propensos a esse gênero de manifestações. Mas, o mais vulgar bom senso repele a ideia de que os Espíritos, embora pouco elevados, venham fazer exibições para divertir os curiosos.*

*A obtenção desses fenômenos à vontade e, sobretudo, em público, é sempre suspeita; nesse caso, a mediunidade e a prestidigitação se tocam tão de perto que, frequentemente, é bem difícil distingui-las. Antes de ver nisso a ação dos Espíritos, é preciso minuciosas observações, e levar em conta seja o caráter e os antecedentes do médium, seja de uma multidão de circunstâncias, que só um estudo aprofundado da teoria dos fenômenos espíritas pode levar a apreciar. Anote-se que esse gênero de mediunidade, quando mediunidade há, é limitado à produção do mesmo fenômeno, com algumas variantes, o que não é de natureza a dissipar as dúvidas. Um desinteresse absoluto seria aí a melhor garantia de sinceridade.*

*Qualquer que seja a realidade desses fenômenos, como efeitos medianímicos, eles têm como bom resultado dar notoriedade à ideia espírita. A controvérsia que se estabelece a esse propósito provoca, em muitas, pessoas, um estudo mais aprofundado. Não é certo que é necessário ir buscar aí instruções sérias de Espiritismo, nem a filosofia da doutrina, mas é um meio de forçar a atenção dos indiferentes e obrigar os mais recalcitrantes a falarem deles.*

## Diversidade nos Espíritos

**Visitante – Falais de Espíritos bons ou maus, sérios ou levianos; eu não me explico, confesso, essa diferença. Parece-me que, deixando seu envoltório corporal, eles devem se despojar das imperfeições inerentes à matéria; que a luz deve se fazer para eles sobre todas as verda-**

**des que nos são ocultas e que eles devem estar isentos dos preconceitos terrestres.**

A. K. – *Sem dúvida, eles estão livres das imperfeições físicas, quer dizer, das doenças e enfermidades do corpo; mas as imperfeições morais são do Espírito e não do corpo. Entre eles há os que estão mais ou menos avançados intelectual e moralmente. Seria um erro crer-se que os Espíritos, deixando seu corpo material, são subitamente atingidos pela luz da verdade. Credes, por exemplo, que quando morrerdes não haverá nenhuma diferença entre vosso Espírito e o de um selvagem ou o de um malfeitor? Se fora assim, de que vos serviria ter trabalhado pela vossa instrução e aprimoramento, uma vez que um vadio seria tanto quanto vós depois da morte? O progresso dos Espíritos não se realiza senão gradualmente e, algumas vezes, bem lentamente. Entre eles, e isso depende da sua depuração, há os que veem as coisas sob um ponto de vista mais justo que em sua vida física; outros, ao contrário, têm as mesmas paixões, os mesmos preconceitos e os mesmos erros, até que o tempo e novas provas lhes tenham permitido se esclarecerem. Notai bem que isto é um resultado da experiência, porque é assim que eles se apresentam a nós em suas comunicações. É, pois, um princípio elementar do Espiritismo que, entre os Espíritos, há os de todos os graus de inteligência e de moralidade.*

**Visitante – Mas, então, por que os Espíritos não são todos perfeitos? Deus, pois, os criou de todas as categorias.**

A. K. – *Igualmente gostaria de perguntar por que todos os alunos de um colégio não estão em filosofia. Os Espíritos têm, todos, a mesma origem e a mesma destinação. As diferenças que existem entre eles não constituem espécie distinta, mas diversos graus de adiantamento. Os Espíritos não são perfeitos porque são as almas dos homens e os homens não são perfeitos; pela mesma razão os homens não são perfeitos porque são a encarnação de Espíritos mais ou menos avançados. O mundo corporal e o mundo espiritual se derramam incessantemente um sobre o outro; pela morte do corpo, o mundo corporal fornece seu contingente ao mundo espiritual e, pelo nascimento, o mundo espiritual alimenta a Humanidade. A cada nova existência, o Espírito realiza um progresso mais ou menos grande, e quando adquire sobre a Terra a soma de conhecimentos e elevação moral que comporta nosso globo, ele o troca para passar a um mundo mais elevado, onde aprende coisas novas.*

*Os Espíritos que formam a população invisível da Terra são, de alguma sorte, o reflexo do mundo corporal; encontram-se aí os mesmos vícios e as mesmas virtudes. Há entre eles sábios, ignorantes e falsos sábios, prudentes e estouvados, filósofos, raciocinadores e sistemáticos. Não se tendo desfeito de todos os seus preconceitos, todas as opiniões políticas e religiosas têm aí seus representantes. Cada um fala segundo as suas ideias e o que dizem, frequentemente, não é senão sua opinião pessoal. Eis porque não é preciso acreditar cegamente em tudo o que dizem os Espíritos.*

**Visitante – Se assim é, eu percebo uma grande dificuldade. Nesse conflito de opiniões diversas, como distinguir o erro da verdade? Eu não vejo que os Espíritos nos sirvam para grande coisa e tenhamos a ganhar com sua conversação.**

*A. K. – Não servissem os Espíritos senão para nos ensinar que há Espíritos e que esses Espíritos são as almas dos homens, não seriam de uma grande importância para todos aqueles que duvidam que têm uma alma e que não sabem em que se tornarão depois da morte?*

*Como todas as ciências filosóficas, esta exige longos estudos e minuciosas observações; é então que se aprende a distinguir a verdade da impostura, e os meios de afastar os Espíritos mentirosos. Acima dessa turba de Espíritos inferiores, há os Espíritos superiores que não têm em vista senão o bem e que têm por missão conduzir os homens ao bom caminho. Cabe a nós saber apreciá-los e compreendê-los. Estes nos ensinam grandes coisas, mas, não credes que o estudo dos outros seja inútil; para conhecer um povo é preciso examiná-lo sob todas as suas faces. Disso vós mesmos sois a prova; pensáveis que bastaria aos Espíritos deixarem seu envoltório corporal para se despojarem de suas imperfeições. Ora, foram as comunicações com eles que nos ensinaram o contrário, e nos fizeram conhecer o verdadeiro estado do mundo espiritual, que nos interessa a todos no mais alto grau, uma vez que para lá devemos ir. Quanto aos erros que podem nascer da divergência de opinião entre os Espíritos, por si mesmos desaparecem, à medida que se aprende a distinguir os bons dos maus, os sábios dos ignorantes, os sinceros dos hipócritas, da mesma forma como entre nós; então o bom senso faz justiça às falsas doutrinas.*

**Visitante – Minha observação subsiste sempre no ponto de vista das questões científicas e outras a que se pode submeter os Espíritos.**

A divergência de suas opiniões sobre as teorias que dividem os sábios, nos deixam na incerteza. Eu compreendo que, não tendo todos o mesmo grau de instrução, não podem tudo saber. Então, qual o peso que pode ter para nós a opinião daqueles que sabem, se não podemos verificar se têm, ou não têm, razão? Tem igual valor dirigir-se aos homens ou aos Espíritos.

A. K. – *Essa reflexão é ainda uma consequência da ignorância do verdadeiro caráter do Espiritismo. Aquele que crê nele encontrar um meio fácil de tudo saber, de tudo descobrir, incorre em um grande erro. Os Espíritos não estão encarregados de nos trazerem a ciência pronta. Seria, com efeito, muito cômodo se nos bastasse perguntar para sermos esclarecidos, poupando-nos assim o trabalho de pesquisa. Deus quer que trabalhemos, que nosso pensamento se exercite, e será a esse preço que adquiriremos a ciência. Os Espíritos não vêm nos livrar dessa necessidade;* eles são o que são e o Espiritismo tem por objeto estudá-los, *a fim de saber, por analogia, o que seremos um dia e não de nos fazer conhecer o que nos deve estar oculto, ou nos revelar as coisas antes do tempo.*

*Os Espíritos já não podem ser tidos como ledores de sorte, e quem quer que se iluda de obter deles certos segredos, que se prepare para estranhas decepções por parte dos Espíritos zombeteiros. Em uma palavra, o* Espiritismo é uma ciência de observação e não uma ciência de adivinhação ou de especulação. *Estudamo-lo para conhecer o estado das individualidades do mundo invisível, as relações que existem entre elas e nós, sua ação oculta sobre o mundo visível, e não pela utilidade material que dele possamos tirar. Sob esse ponto de vista, não há nenhum Espírito cujo estudo nos seja inútil, pois aprendemos alguma coisa com todos eles; suas imperfeições, seus defeitos, sua incapacidade, e mesmo sua ignorância, são igualmente objetos de observação que nos iniciam no estudo da natureza íntima desse mundo. Quando não são eles que nos instruem pelos seus ensinamentos, somos nós que nos instruímos estudando-os, como o fazemos quando estudamos os costumes de um povo que desconhecemos.*

*Quanto aos Espíritos esclarecidos, eles nos ensinam muito, mas no limites das coisas possíveis, não precisando perguntar-lhes o que eles não podem, ou não devem, nos revelar. É preciso contentar-se com aquilo que nos dizem, pois, ir além é expor-se às mistificações dos Espíritos levianos, sempre prontos para responderem a tudo. A experiência nos ensina a discernir o grau de confiança que lhes podemos dar.*

# Utilidade prática das manifestações

Visitante – Partindo da suposição de que a coisa seja constatada e o Espiritismo reconhecido como realidade, que utilidade prática isso pode ter? Se, até o presente, se passou sem ele, parece-me que se poderia, ainda, passar sem ele e viver mais tranquilamente.

A. K. – *O mesmo se poderia dizer das estradas de ferro e do vapor, sem as quais viveu-se muito bem.*

*Se entendeis por utilidade prática, os meios de viver bem, de fazer fortuna, de conhecer o futuro, de descobrir minas de carvão ou tesouros ocultos, de recuperar heranças, de se poupar do trabalho das pesquisas, ele não serve para nada; ele não pode fazer subir nem abaixar a cotação da Bolsa, nem ser transformado em ações, nem mesmo fornecer invenções prontas, aptas a serem exploradas. Sob esse ponto de vista, quantas ciências seriam inúteis! Quantas há que não trazem vantagem, comercialmente falando! Os homens se portavam muito bem antes da descoberta de todos os novos planetas, antes que se soubesse que é a Terra que gira e não o Sol, antes que fossem calculados os eclipses, antes que se conhecesse o mundo microscópico e uma centena de outras coisas. O camponês, para viver e produzir seu trigo, não tinha necessidade de saber o que é um cometa. Por que, pois, os sábios se entregam a essas pesquisas, e quem ousaria dizer que perdem seu tempo? Tudo o que serve para erguer um canto do véu, ajuda o desenvolvimento da inteligência, alarga o círculo das ideias fazendo-nos penetrar mais além nas leis da Natureza. Ora, o mundo dos Espíritos existe em virtude de uma dessas leis da Natureza e o Espiritismo nos faz conhecê-la. Ele nos ensina a influência que o mundo invisível exerce sobre o mundo visível, e as relações que existem entre eles, da mesma forma que a Astronomia nos ensina as relações dos astros com a Terra; ele nô-lo mostra como uma das forças que regem o Universo e contribuem para a manutenção da harmonia geral. Suponhamos que a isso se limite sua utilidade; já não seria muito útil a revelação de semelhante força, abstração feita de toda doutrina moral? Não é nada, pois, que todo um mundo novo se nos revele, se, sobretudo, o conhecimento desse mundo nos coloca na trilha de uma multidão de problemas, até então, insolúveis? se nos inicia nos mistérios de além-túmulo, que nos interessa um pouco, uma vez que todos, pelo que somos, devemos cedo ou tarde transpor o passo fatal? Mas há uma outra utilidade mais positiva do Espiritismo, que é a influência moral que ele exerce pela própria força das coisas. O Espiritismo é a prova patente da existência da alma, da sua individualidade depois da morte, da sua imortalidade e do seu futuro. É, pois, a destruição do materialismo, não pelo raciocínio, mas pelos fatos.*

*Não é preciso perguntar ao Espiritismo o que ele pode dar, e nem nele procurar além do seu objetivo providencial. Antes dos progressos sérios da Astronomia, acreditava-se na Astrologia. Seria razoável pretender que a Astronomia de nada serve porque não se pode mais encontrar na influência dos astros o prognóstico do futuro? Da mesma forma que a Astronomia destronou os astrólogos, o Espiritismo destronou os adivinhos, os feiticeiros e os ledores de sorte. Ele é para a magia o que a Astronomia é para a Astrologia, a Química para a Alquimia.*

## Loucura - Suicídio - Obsessão

**Visitante – Certas pessoas consideram as ideias espíritas como de natureza a perturbarem as faculdades mentais, e, por esse motivo, acham prudente deter-lhes a divulgação.**

*A. K. – Conheceis o provérbio: quando se quer matar um cão, diz-se que ele está raivoso. Não é, pois, de espantar, que os inimigos do Espiritismo procurem se apoiar sobre todos os pretextos; este lhes pareceu apropriado para despertar os temores e as suscetibilidades, tomando-o zelosamente, embora ele caia diante do mais superficial exame. Ouvi, pois, sobre esta loucura, o raciocínio de um louco.*

*Todas as grandes preocupações do espírito podem ocasionar a loucura; as ciências, as artes, e a própria religião fornecem seus contingentes. A loucura tem por princípio um estado patológico do cérebro, instrumento do pensamento: estando o instrumento danificado, o pensamento é alterado. A loucura, pois, é um efeito consecutivo, cuja causa primeira é uma predisposição orgânica que torna o cérebro mais, ou menos, acessível a certas impressões; isso é tão verdadeiro que tendes as pessoas que pensam demais e não se tornam loucas, enquanto que outras se tornam sob o domínio da menor superexcitação. Havendo uma predisposição à*

*loucura, esta toma o caráter da preocupação principal, que se torna, en-
tão, uma ideia fixa. Essa ideia fixa poderá ser a dos Espíritos, naqueles
que deles se ocupam, como poderá ser a de Deus, dos anjos, do diabo, da
fortuna, do poder, de uma arte, de uma ciência, da maternidade, de um
sistema político ou social. É provável que o louco religioso se tornasse um
louco espírita, se o Espiritismo tivesse sido sua preocupação dominante.
Um jornal disse, é verdade, que em uma única localidade da América, cujo
nome não me recordo, contaram-se quatro mil casos de loucura espírita;
mas sabe-se que, entre nossos adversários, é uma ideia fixa crerem-se os
únicos dotados de razão, e isso é uma mania como as outras. Aos seus
olhos nós somos todos dignos de um manicômio e, por conseguinte, os quatro mil espíritas da localidade em questão, deviam ser igualmente loucos.
Nesse aspecto, os Estados Unidos têm centenas de milhares deles, e todos
os outros países do mundo, um número bem maior. Esse mau gracejo co-
meçou a ser usado depois que se viu esta loucura ganhar as classes mais
elevadas da sociedade. Fez-se grande alarde de um exemplo conhecido, de
Victor Hennequin, esquecendo-se que, antes de se ocupar com o Espiritismo, ele tinha já dado provas de excentricidade das ideias. Se as mesas
girantes não tivessem acontecido, o que, segundo um jogo de palavras bem
espirituoso de nossos adversários, fizeram lhe girar a cabeça, sua loucura
teria tomado outro curso.*

*Eu digo, pois, que o Espiritismo não tem nenhum privilégio a esse
respeito; e vou mais longe: digo que, bem compreendido, é um preservativo
contra a loucura e o suicídio.*

*Entre as causas mais frequentes de superexcitação cerebral, é pre-
ciso contar as decepções, os desgostos, as afeições contrariadas, que são,
ao mesmo tempo, as causas mais frequentes de suicídios. Ora, o verdadeiro espírita vê as coisas deste mundo de um ponto de vista tão elevado,
que as tribulações não são para ele senão os incidentes desagradáveis de
uma viagem. O que, em outro, produziria uma emoção violenta, o afeta
levemente. Ele sabe, aliás, que os sofrimentos da vida são provas que servem para o seu adiantamento, se os suporta sem reclamar, porque será
recompensado de acordo com a coragem com a qual as tiver suportado.
Suas convicções lhe dão, pois, uma resignação que o preserva do desespero, e, por conseguinte, de uma causa permanente de loucura e de suicídio.
Por outro lado, ele sabe, pelo que vê nas comunicações com os Espíritos,
da sorte deplorável daqueles que abreviam voluntariamente seus dias, e*

*esse quadro basta para fazê-lo refletir; por isso é considerável o número daqueles que se detiveram sobre essa inclinação funesta. Eis aí um dos resultados do Espiritismo.*

*Ao número das causas de loucura, é preciso ainda acrescentar o medo, e o medo do diabo desarranjou mais de um cérebro. Sabe-se, acaso, o número de vítimas que se fez amedrontando-se imaginações fracas com esse quadro que se esforça em tornar mais assustador por detalhes hediondos? O diabo, diz-se, não assusta senão as crianças e é um freio para torná-las sábias; sim, como o bicho papão e o lobisomem, e quando elas não têm mais medo, tornam-se piores que antes. E, para esse belo resultado, não se conta o número de epilepsias causadas pela comoção de um cérebro delicado.*

*É preciso não confundir a* loucura patológica *com a* obsessão*. Esta não se origina de nenhuma lesão cerebral, mas da subjugação que Espíritos malfazejos exercem sobre certos indivíduos, e tem por vezes as aparências da loucura propriamente dita. Essa doença, que é muito frequente e independente de qualquer crença no Espiritismo, existiu em todos os tempos. Nesse caso, a medicação ordinária é ineficaz e mesmo nociva. O Espiritismo, fazendo conhecer esta nova causa de perturbação da saúde, dá ao mesmo tempo o único meio de triunfar sobre ela, agindo não sobre a doença, mas sobre o Espírito obsessor. Ele é o remédio e não a causa do mal.*

## Esquecimento do passado

**Visitante – Eu não entendo como o homem pode aproveitar a experiência adquirida em suas existências anteriores, se delas não se lembra, porque, desde o momento em que delas não se recorda, cada existência é para ele como se fosse a primeira e, assim, tem sempre que recomeçar. Suponhamos que, cada dia, ao despertarmos, percamos a memória do que fizemos na véspera, nós não seríamos mais avançados aos setenta anos que aos dez anos; enquanto que lembrando nossas faltas, nossas imperfeições e as punições em que incorremos, diligenciaríamos para não recomeçarmos. Para me servir da comparação que haveis feito do homem sobre a Terra com o aluno do colégio, eu não compreenderia que esse aluno pudesse aproveitar as lições da quarta**

**série se ele não lembrasse do que aprendeu na anterior.** (1) **Essas soluções de continuidade na vida do Espírito interrompem todas as relações e fazem dele, de alguma sorte, um novo ser; de onde se pode dizer que nossos pensamentos morrem a cada existência, para se renascer sem consciência do que se foi. É uma espécie de nada.**

A. K. – *De questão em questão me conduzireis a vos ministrar um curso completo de Espiritismo. Todas as objeções que fizestes são naturais naquele que nada sabe, ao passo que ele encontra, em um estudo sério, uma solução bem mais explícita que a que eu possa dar numa explicação sumária que, por si mesma, deve provocar, incessantemente, novas questões. Tudo se encadeia no Espiritismo, e quando se segue o conjunto, vê-se que os princípios decorrem uns dos outros, apoiando-se mutuamente. Então, o que parecia uma anomalia contrária à justiça e à sabedoria de Deus, parece muito natural e vem confirmar essa justiça e essa sabedoria.*

*Tal é o problema do esquecimento do passado que se liga a outras questões de igual importância e que, por isso, não farei mais que aflorar aqui.*

*Se, a cada existência, um véu é lançado sobre o passado, o Espírito não perde nada daquilo que adquiriu no passado: ele não esquece senão a maneira pela qual adquiriu a experiência. Para me servir da comparação do escolar, eu diria que: pouco importa para ele saber onde, como, e sob a orientação de que professores ele fez o ano anterior se, alcançando a quarta série ele sabe o que se aprende na anterior. Que lhe importa saber quem o castigou pela sua preguiça e sua insubordinação, se esses castigos o tornaram laborioso e dócil? É assim que, em se reencarnando, o homem traz, por intuição e como ideias inatas, o que adquiriu em ciência e moralidade. Eu digo em moralidade porque se, durante uma existência, ele se melhorou, se aproveitou as lições das experiências, quando retornar, será instintivamente melhor; seu Espírito amadurece na escola do sofrimento e, pelo trabalho, terá mais firmeza; longe de dever a tudo recomeçar, ele possui um fundo cada vez mais rico, sobre o qual se apoia para progredir mais.*

*A segunda parte da vossa objeção, referente ao aniquilamento do pensamento, não está melhor alicerçada, porque esse esquecimento não*

---

(1) No original: *en Cinquième*, a criação do curso escolar devia obedecer a uma ordem numérica decrescente. (NOTA DO TRADUTOR.)

*ocorre senão durante a vida corporal; deixando-a, o Espírito recobra a lembrança do seu passado e pode julgar quanto à sua caminhada e do que lhe resta ainda a realizar, de sorte que não há solução de continuidade na vida espiritual, que é a vida normal do Espírito.*

*O esquecimento temporário é um benefício da Providência. A experiência, frequentemente, é adquirida em rudes provas e terríveis expiações, cuja lembrança seria muito penosa e viria aumentar as angústias das tribulações da vida presente. Se os sofrimentos da vida parecem longos, que seriam, pois, se sua duração fosse aumentada com as lembranças dos sofrimentos do passado? Vós, por exemplo, senhor, sois hoje um homem honesto, mas o deveis, talvez, aos rudes castigos que haveis suportado por faltas que, atualmente, repugnariam a vossa consciência; ser-vos-ia agradável lembrar de ter sido enforcado por isso? A vergonha não vos perseguiria imaginando que o mundo sabe do mal que haveis feito? Que importa o que haveis podido fazer, e o que haveis podido suportar para expiar, se agora sois um homem estimável? Aos olhos do mundo sois um homem novo, e aos olhos de Deus um Espírito reabilitado. Livre da lembrança de um passado importuno, agireis com mais liberdade; é para vós um novo ponto de partida; vossas dívidas anteriores estão pagas, cabendo-vos não contrair novas dívidas.*

*Assim, quantos homens gostariam de poder, durante a vida, lançar um véu sobre seus primeiros anos! Quantos disseram, ao fim de sua caminhada: "Se devesse recomeçar, eu não faria o que fiz"! Pois bem!, o que eles não podem refazer nesta vida, refarão em outra; em uma nova existência seu Espírito trará, no estado de intuição, as boas resoluções que eles terão tomado. É assim que se cumpre, gradualmente, o progresso da Humanidade.*

*Suponhamos, ainda, – o que é um caso muito comum – que em vossas relações, em vosso lar mesmo, se encontre um ser do qual tendes muitas queixas, que talvez vos arruinou ou desonrou em uma outra existência e que, Espírito arrependido, vem se encarnar em vosso meio, unir-se a vós pelos laços de família, para reparar o mal que vos fez pelo seu devotamento e sua afeição: ambos não estaríeis na mais falsa posição se, todos os dois, vos lembrásseis de vossas inimizades? Ao invés de se apaziguarem, os ódios se eternizariam.*

*Concluí com isso que a lembrança do passado perturbaria as relações sociais e seria um entrave ao progresso. Quereis disso uma prova atual? Que um homem condenado às galeras tome a firme resolução de se tornar honesto; que ocorrerá em sua saída? Será repelido pela sociedade e essa repulsa, quase sempre o recoloca no vício. Suponhamos, ao contrário, que todo o mundo ignore seus antecedentes: ele será bem acolhido; se ele próprio pudesse esquecê-los, não seria por isso menos honesto e poderia andar de cabeça erguida ao invés de curvá-la sob a vergonha da recordação.*

*Isso concorda perfeitamente com a doutrina dos Espíritos sobre os mundos superiores ao nosso. Nesses mundos, onde não reina senão o bem, a lembrança do passado nada tem de penosa; eis porque aí lembram-se de sua existência precedente como nos lembramos do que fizemos na véspera. Quanto à sua estada em mundos inferiores, ela não é mais que um sonho mau.*

## Elementos de convicção

**Visitante – Eu convenho, senhor, que, do ponto de vista filosófico, a Doutrina Espírita é perfeitamente racional. Mas, resta sempre a questão das manifestações que não pode ser resolvida senão pelos fatos; ora, é a realidade desses fatos que muitas pessoas contestam e não deveis achar espantoso o desejo que se exprime de testemunhá-los.**

*A. K. – Acho isso muito natural; somente, como procuro que sejam proveitosos, explico em que condições convém se colocar para melhor observá-los e, sobretudo, para compreendê-los. Ora, aquele que não quer se colocar nessas condições é porque não tem desejo sério de se esclarecer e, então, é inútil perder-se tempo com ele.*

*Compreendereis também, senhor, que seria estranho que uma filosofia racional tivesse saído de fatos ilusórios e controvertidos. Em boa lógica, a realidade do efeito implica na realidade da causa; se um é verdadeiro, o outro não pode ser falso, porque onde não houvesse árvore não se recolheriam frutos.*

*Todo o mundo, é verdade, não pôde constatar os fatos, porque todo o mundo não se colocou nas condições desejadas para os observar e, para isso, não se armou da paciência e perseverança necessárias. Mas, ocorre aqui como em todas as ciências: o que uns não fazem, outros o fazem: todos os dias, aceita-se o resultado de cálculos astronômicos sem os ter feito. Qualquer que ela seja, se achais uma filosofia boa, podereis aceitá-la como aceitaríeis uma outra, reservando, porém, vossa opinião sobre os caminhos e meios que a ela conduziram, ou, pelos menos, não admitindo-a senão como hipótese até mais ampla constatação.*

*Os elementos de convicção não são os mesmos para todo o mundo; o que convence a alguns, não causa nenhuma impressão sobre outros: por isso é preciso um pouco de tudo. Mas, é um erro crer-se que as experiências físicas sejam o único meio de convencer. Vi pessoas que os fenômenos mais notáveis não puderam sacudir e para as quais uma simples resposta escrita triunfou. Quando se vê um fato que não se compreende, quanto mais ele é extraordinário, mais parece suspeito, e o pensamento nele procura sempre uma causa vulgar. Se se o compreende, mais facilmente é admitido porque tem uma razão de ser: o maravilhoso e o sobrenatural desaparecem. Certamente, as explicações que vos acabo de dar nesta entrevista estão longe de serem completas; mas, por mais sumárias que sejam, estou persuadido de que vos levarão a refletir e, se as circunstâncias vos testemunharem quaisquer fatos de manifestações, os vereis com menos prevenção, porque podereis raciocinar com base.*

*Há duas coisas no Espiritismo: a parte experimental das manifestações e a doutrina filosófica. Ora, todos os dias sou visitado por pessoas que nada viram e creem tão firmemente como eu apenas pelo estudo que fizeram da parte filosófica; para elas o fenômeno das manifestações é acessório e o fundo é a doutrina, a ciência. Elas a veem grande, tão racional, que nela encontram tudo o que pode satisfazer suas aspirações íntimas, sem o fato das manifestações, de onde concluem que, supondo-se que as manifestações não existissem, a doutrina não seria menos aquela que resolve melhor uma multidão de problemas reputados insolúveis. Quantos não disseram que essas ideias tinham germinado no seu cérebro, mas que elas aí estavam confusas! O Espiritismo veio formulá-las, dar-lhes um corpo, e foi para eles como um rasgo de luz. Isso explica o número de adeptos que apenas a leitura de* O Livro dos Espíritos *fez. Acreditais que ela estaria assim se não tivesse passado das mesas girantes e falantes?*

**Visitante – Tendes razão em dizer, senhor, que das mesas girantes saiu uma doutrina filosófica; e eu estava longe de supor as consequências que poderiam surgir de uma coisa que se olhava como simples objeto de curiosidade. Vejo agora quanto é vasto o campo aberto pelo vosso sistema.**

A. K. – Aqui eu vos detenho, senhor; me fazeis muita honra atribuindo-me esse sistema, porque não me pertence. Ele foi inteiramente deduzido do ensinamento dos Espíritos. Eu vi, observei, coordenei, e procuro fazer os outros compreenderem o que eu próprio compreendo; eis toda a parte que nele me cabe. Há entre o Espiritismo e os outros sistemas filosóficos esta diferença capital: os últimos são obra de homens mais ou menos esclarecidos, enquanto que naquele que vós me atribuís não tenho o mérito de invenção de um único princípio. Diz-se: a filosofia de Platão, de Descartes, de Leibnitz; não se dirá: a doutrina de Allan Kardec, e isso é bom, pois que importância teria um nome em uma tão grave questão? O Espiritismo tem auxiliares bem mais preponderantes, perto dos quais não somos senão átomos.

## Sociedade para a continuação das Obras Espíritas de Allan Kardec - Rua de Lille, 7

**Visitante – Tendes uma sociedade que se ocupa desses estudos; ser-me-ia possível fazer parte dela?**

A. K. – Seguramente não, para o momento. Se para ser recebido não é necessário ser doutor em Espiritismo, é preciso, ao menos, ter sobre esse assunto ideias mais sólidas que as vossas. Como ela não quer ser perturbada em seus estudos, não pode admitir aqueles que lhe viriam fazer perder seu tempo com questões elementares, nem aqueles que, não simpatizando com seus princípios e suas convicções, nela lançariam a desordem com discussões intempestivas ou um espírito de contradição. É uma sociedade científica, como tantas outras, que se ocupa em aprofundar os diferentes princípios da ciência espírita, e que busca se esclarecer. É o centro para onde convergem as informações de todas as partes do mundo, e onde se elaboram e se coordenam as questões relacionadas com o progresso da ciência; mas não é uma escola, nem um curso de ensinamentos elementares. Mais tarde, quando vossas convicções estiverem formadas pelo estudo, ela verá se poderá vos admitir. Até lá, podereis assistir, quando muito, a uma ou duas sessões como ouvinte, com a condição de nela não fazer nenhuma reflexão de natureza a magoar ninguém, sem o que, eu, que aí vos terei introduzido, me exporei à censura da parte dos meus colegas, e a porta da sociedade lhe será fechada para sempre. Vereis aí uma reunião de homens *graves e de boa companhia, cuja maioria se recomenda pela superioridade do seu saber e sua posição social, e que não permitiria que aqueles que ela quer admitir se afastem, no que quer que seja, das conveniências; porque não creiais que ela convida o público e que chama a qualquer um para as suas sessões. Como não faz demonstrações, tendo em vista satisfazer a curiosidade, ela afasta com cuidado os curiosos. Portanto, aqueles que creem aí encontrar uma distração, e uma espécie de espetáculo, ficariam desapontados e melhor fariam se a ela não se apresentassem. Eis porque ela recusa admitir, mesmo como simples ouvintes, aqueles que lhes são desconhecidos, ou cujas disposições hostis são notórias.*

## Interdição ao Espiritismo

**Visitante – Eu vos peço uma última questão. O Espiritismo tem inimigos poderosos; eles não poderiam interditar-lhe a atividade e as sociedades, e por esse meio deter a sua propagação?**

*A. K. – Isso seria um meio de perder a disputa um pouco mais depressa, porque a violência é o argumento daqueles que nada de bom têm a dizer. Se o Espiritismo é uma quimera, ele cairá por si mesmo, sem que se dê a esse trabalho; se o perseguem é porque o temem, e não se teme senão aquilo que é sério. Se é uma realidade, ele está, como eu o disse, na Natureza, e não se revoga uma lei da Natureza com uma penada.*

*Se as manifestações espíritas fossem o privilégio de um homem, ninguém duvida que colocando esse homem de lado, põe-se fim às manifestações. Infelizmente para os adversários, elas não são um mistério para ninguém; nada há de secreto, nada de oculto, tudo se passa em pleno dia; elas estão à disposição de todo o mundo, e a usam desde o palácio à mansarda. Pode-se interditar-lhe o exercício público; mas sabe-se precisamente que não é em público que elas se produzem melhor, mas na intimidade. Ora, cada um podendo ser médium, quem pode impedir uma família em seu lar, um indivíduo no silêncio do gabinete, o prisioneiro sob os ferrolhos, de ter comunicações com os Espíritos, com o desconhecimento e mesmo sob as barbas dos esbirros? Todavia, admitamos que um governante fosse bastante forte para impedi-los, impediria seus vizinhos, o mundo inteiro, uma vez que não há um só país, nos dois continentes, onde não haja médiuns?*

O Espiritismo, aliás, não tem sua origem entre os homens, pois é obra dos Espíritos, aos quais não se os pode nem queimar, nem prender. Ele repousa na crença individual e não nas sociedades, que de nenhum modo são necessárias.

Se viessem a destruir todos os livros espíritas, os Espíritos os ditariam de novo.

Em resumo, o Espiritismo é hoje um fato consumado; ele conquistou seu lugar na opinião pública e entre as doutrinas filosóficas. É preciso, pois, que aqueles aos quais não convém, disponham-se a vê-lo ao seu lado, ficando perfeitamente livres para não aceitá-lo.

# Terceiro Diálogo - O Padre

**Um abade – Permiti-me, senhor, dirigir-vos, a meu turno, algumas questões?**

A. K. – De bom grado, senhor, mas, antes de responder-vos, creio ser útil fazer-vos conhecer o terreno sobre o qual tenciono me colocar convosco.

Primeiramente, devo declarar-vos que não procurarei, de nenhum modo, converter-vos à nossas ideias. Se desejais conhecê-las detalhadamente, as encontrareis nos livros onde elas estão expostas. Lá podereis estudá-las com vagar e estareis livre para aceitá-las ou rejeitá-las.

O Espiritismo tem por objetivo combater a incredulidade e suas funestas consequências, dando provas patentes da existência da alma e da vida futura. Ele se dirige, pois, àqueles que não creem em nada, ou que duvidam, e o número deles é grande, como o sabeis. Aqueles que têm um fé religiosa, e aos quais essa fé basta, dele não têm necessidade; àquele que diz: "eu creio na autoridade da Igreja, e me atenho ao que ela ensina, sem nada procurar além dela", o Espiritismo responde que ele não se impõe a ninguém e não vem forçar nenhuma convicção.

A liberdade de consciência é uma consequência da liberdade de pensar, que é um dos atributos do homem; o Espiritismo estaria em con-

*tradição com seus princípios de caridade e de tolerância, se ele não a respeitasse. Aos seus olhos, toda crença, quando sincera e não conduz o seu próximo ao erro, é respeitável, mesmo que ela fosse errônea. Se alguém tiver sua consciência empenhada em crer, por exemplo, que é o Sol que gira, nós lhe diremos: crede se isso vos satisfaz, porque não impedirá a Terra de girar; mas, da mesma forma que não procuramos violentar vossa consciência, não procurai violentar a dos outros. Se de uma crença, inocente em si mesma, fazeis um instrumento de perseguição, ela torna-se nociva e pode ser combatida.*

*Tal é, senhor abade, a linha de conduta que tive com os ministros de diversos cultos que a mim se dirigiram. Quando me questionaram sobre alguns pontos da doutrina, lhes dei as explicações necessárias, abstendo-me de discutir certos dogmas com os quais o Espiritismo não tem preocupações, cada um estando livre em sua apreciação; mas jamais fui procurá-los no desejo de abalar sua fé mediante uma pressão qualquer. Aquele que vem a nós como um irmão, como tal o acolhemos; aquele que nos recusa, nós o deixamos em paz. É o conselho que não cesso de dar aos espíritas, porque nunca aprovei aqueles que se atribuem a missão de converter o clero. Sempre lhes disse: semeai no campo dos incrédulos, porque lá está uma ampla colheita a fazer.*

*O Espiritismo não se impõe porque, como eu o disse, ele respeita a liberdade de consciência e sabe que toda crença imposta é superficial e não dá senão as aparências da fé, mas não a fé sincera. Ele expõe seus princípios aos olhos de todos, de maneira a que cada um possa formar sua opinião com conhecimento de causa. Aqueles que o aceitam, padres ou laicos, o fazem livremente e porque os acham racionais; mas não nos zangamos de nenhum modo com aqueles que não são da nossa opinião. Se hoje há luta entre a Igreja e o Espiritismo, temos a consciência tranquila de não tê-la provocado.*

**O padre – Se a Igreja, vendo surgir uma nova doutrina, nela encontra princípios que, no seu entender, crê dever condenar, contestai-lhe o direito de discuti-los e de combatê-los, de precaver seus fiéis contra aquilo que ela considera um erro?**

*A. K. – De forma alguma contestamos um direito que reclamamos para nós mesmos. Se ela tivesse se contido nos limites da discussão, nada de melhor; mas, lede a maioria dos escritos emanados dos seus membros* ou publicados em nome da religião, os sermões que pregaram e aí vereis a injúria e a calúnia extravasar de todas as partes, e os princípios da doutrina sempre indigna e maldosamente deturpados. Não se tem ouvido, do alto do púlpito, seus partidários serem qualificados de inimigos da sociedade e da ordem pública? aqueles que ela reconduziu para a fé, anatematizados e rejeitados pela Igreja, pela razão que ela entende melhor ser incrédulo que crer em Deus e na alma através do Espiritismo? não se afligiram por não haver para os espíritas as fogueiras da Inquisição? Em certas localidades, não os apontaram à repreensão dos seus concidadãos, chegando a fazê-los perseguir e injuriar nas ruas? Não se impôs, a todos os fiéis, fugirem deles como de pestilentos, desviando os serviçais de entrarem ao seu serviço? As mulheres não foram solicitadas a separarem-se de seus maridos, e os maridos de suas mulheres, por causa do Espiritismo? Não se fez perder seus lugares nos empregos, retirando aos operários o pão do trabalho e aos necessitados o pão da caridade porque eram espíritas? Não foram despedidos de certos asilos até os cegos, porque não quiseram abjurar sua crença? Dizei-me, senhor abade, está aí a discussão real? Os espíritas opuseram a injúria pela injúria, o mal pelo mal? Não. A tudo opuseram a calma e a moderação. A consciência pública já lhes rendeu a justiça de que eles não foram os agressores.

**O padre – Todo homem sensato deplora esses excessos; mas a Igreja não poderia ser responsável pelo abuso cometido por alguns de seus membros pouco esclarecidos.**

A. K. – Concordo com isso; mas esses membros pouco esclarecidos são os príncipes da Igreja? Vede a pastoral do bispo de Argel e de alguns outros. Não foi um bispo que ordenou o auto de fé de Barcelona? A superior autoridade eclesiástica não tem todo o poder sobre os seus subordinados? Se, pois, ela tolera sermões indignos no púlpito evangélico, se favorece a publicação de escritos injuriosos e difamatórios contra uma classe de cidadãos, se não se opõe às perseguições exercidas em nome da religião, é porque ela os aprova.

Em resumo, a Igreja, repelindo sistematicamente os espíritas que voltavam para ela, forçou-os a retrocederem; pela natureza e violência de seus ataques, ela alargou a discussão e a conduziu para um terreno novo. O Espiritismo não era senão uma simples doutrina filosófica e foi ela mesma que o engrandeceu apresentando-o como um inimigo terrível; enfim, *foi ela que o proclamou como uma nova religião. Foi uma imperícia, mas a paixão não raciocina.*

**Um livre pensador** – Tendes proclamado, a toda hora, a liberdade de pensamento e de consciência, e declarado que toda crença sincera é respeitável. O materialismo é uma crença como qualquer outra; por que não gozaria ele da liberdade que concedeis a todas as outras?

*A. K. – Cada um é, seguramente, livre para crer no que lhe agrada, ou para não crer em nada, e não desculparíamos mais uma perseguição contra aquele que crê no nada depois da morte, que contra um cismático de uma religião qualquer. Combatendo o materialismo, nós atacamos, não os indivíduos, mas uma doutrina que, se é inofensiva para a sociedade quando se encerra no foro íntimo da consciência de pessoas esclarecidas, é uma calamidade social, se ela se generaliza.*

*A crença de que tudo termina para o homem depois da morte, que toda solidariedade cessa com a vida, o conduz a considerar o sacrifício do bem-estar presente em proveito de outro como uma intrujice; daí a máxima: cada um por si durante a vida, uma vez que nada há além dela. A caridade, a fraternidade, a moral, em uma palavra, não têm nenhuma base, nenhuma razão de ser. Por que se mortificar, se reprimir, se privar hoje quando, amanhã talvez, não existiremos mais? A negação do futuro, a simples dúvida sobre a vida futura, são os maiores estimulantes do egoísmo, fonte da maioria dos males da Humanidade. É preciso uma virtude bem grande para se deter sobre a inclinação do vício e do crime, sem outro freio além da força da vontade. O respeito humano pode conter o homem do mundo, mas não aquele para o qual o temor da opinião pública é nulo.*

*A crença na vida futura, mostrando a perpetuidade das relações entre os homens, estabelece entre eles uma solidariedade que não termina no túmulo; ela muda, assim, o curso das ideias. Se essa crença fosse apenas um espantalho, seria temporária; mas como sua realidade é um fato adquirido pela experiência, ela está no dever de a propagar e de combater a crença contrária, no interesse mesmo da ordem social. É isso o que faz o Espiritismo, e com sucesso, porque dá as provas, e porque, em definitivo, o homem prefere ter a certeza de viver feliz em um mundo melhor, como compensação às misérias deste mundo, do que crer estar morto para sempre. O pensamento de se ver aniquilado para sempre, de crer os filhos e os seres que nos são caros, perdidos sem retorno, sorri a um bem pequeno número, crede-me; por isso os ataques dirigidos contra o Espiritismo em nome da incredulidade têm tão pouco sucesso, e não o abalaram um instante.*

**O padre – A religião ensina tudo isso e bastou até o momento; qual é, pois, a necessidade de uma nova doutrina?**

A. K. – *Se a religião basta, por que há tantos incrédulos, religiosamente falando? A religião nos ensina, é verdade, e nos diz para crer; mas há muitas pessoas que não creem apenas em palavras. O Espiritismo prova, e faz ver o que a religião ensina por teoria. Aliás, de onde vêm essas provas? Da manifestação dos Espíritos. Ora, é provável que os Espíritos não se manifestem senão com a permissão de Deus; se, pois, Deus, em sua misericórdia, envia aos homens esse socorro para tirá-los da incredulidade, é uma impiedade recusá-lo.*

**O padre – Não discordais, entretanto, que o Espiritismo não está, sobre todos os pontos, de acordo com a religião.**

A. K. – *Meu Deus, senhor abade, todas as religiões dirão a mesma coisa: os protestantes, os judeus, os muçulmanos, assim como os católicos.*

*Se o Espiritismo negasse a existência de Deus, da alma, da sua individualidade e da imortalidade, das penas e das recompensas futuras, do livre-arbítrio do homem; se ele ensinasse que cada um, neste mundo, não está senão para si e não deve pensar senão em si, ele seria não somente contrário à religião católica, mas a todas as religiões do mundo; isso seria a negação de todas as leis morais, bases das sociedades humanas. Longe disso, os Espíritos proclamam um Deus único, soberanamente justo e bom; eles dizem que o homem é livre e responsável por seus atos, recompensado e punido segundo o bem ou o mal que fez; eles colocam acima de todas as virtudes a caridade evangélica e esta regra sublime ensinada pelo Cristo: agir para com os outros como gostaríamos que os outros agissem para conosco. Não estão aí os fundamentos da religião? Eles fazem mais: nos iniciam nos mistérios da vida futura, que para nós não é mais uma abstração, mas uma realidade, porque são aqueles mesmos que conhecemos que vêm nos descrever suas situações, nos dizer como e porque eles sofrem ou são felizes. Que há nisso de antirreligioso? Essa certeza do futuro, de reencontro com aqueles que amamos, não é uma consolação? Essa grandiosidade da vida espiritual que é nossa essência, comparada às mesqui-*

*nhas preocupações da vida terrestre, não é própria para elevar nossa alma e a nos encorajar ao bem?*

**O padre – Eu concordo que para as questões gerais, o Espiritismo está conforme as grandes verdades do Cristianismo; mas ocorre o mesmo do ponto de vista dos dogmas? Ele não contradiz certos princípios que a Igreja nos ensina?**

*A. K. – O Espiritismo é, antes de tudo, uma ciência e não se ocupa com questões dogmáticas. Essa ciência tem consequências morais como todas as ciências filosóficas; são essas consequências boas ou más? Pode- -se julgá-las pelos princípios gerais que acabo de lembrar. Algumas pessoas estão equivocadas sobre o verdadeiro caráter do Espiritismo. A questão é bastante grave e merece algum desenvolvimento.*

*Citemos primeiro uma comparação: a eletricidade, estando na Natureza, existiu de todos os tempos e de todos os tempos também produziu os efeitos que nós conhecemos e muitos outros efeitos que não conhecemos ainda. Os homens, na ignorância da causa verdadeira, explicaram esses efeitos de uma maneira mais ou menos bizarra. A descoberta da eletricidade e das suas propriedades veio desmoronar uma multidão de teorias absurdas, lançando luz sobre mais de um mistério da Natureza. O que a eletricidade e as ciências físicas em geral fizeram por certos fenômenos, o Espiritismo fez por fenômenos de uma outra ordem.*

*O Espiritismo está fundado sobre a existência de um mundo invisível, formado de seres incorpóreos que povoam o espaço, e que não são outros senão as almas daqueles que viveram sobre a Terra, ou em outros globos, onde deixaram seu envoltório material. São a esses seres que damos o nome de Espíritos. Eles nos rodeiam permanentemente, exercendo sobre os homens, com o seu desconhecimento, uma grande influência; eles desempenham um papel muito ativo no mundo moral, e, até um certo ponto, no mundo físico. O Espiritismo, pois, está na Natureza e pode-se dizer que, em uma certa ordem de ideias, é uma potência, como a eletricidade o é em outro ponto de vista, como a gravitação o é em outro. Os fenômenos, dos quais o mundo invisível é a fonte, são efeitos produzidos em todos os tempos; eis porque a história de todos os povos deles faz menção. Somente que, em sua ignorância, como para a eletricidade, os homens atribuíram esses fenômenos a causas mais ou menos racionais, e deram a esse respeito livre curso à imaginação.*

O Espiritismo, melhor observado depois que se vulgarizou, veio lançar luz sobre uma multidão de questões até aqui insolúveis ou mal compreendidas. Seu verdadeiro caráter, pois, é o de uma ciência, e não de uma religião; e a prova disso é que conta entre seus adeptos homens de todas as crenças, que não renunciaram por isso às suas convicções: católicos fervorosos que não praticam menos todos os deveres de seu culto, quando não são repelidos pela Igreja, protestantes de todas as seitas, israelitas, muçulmanos, e até budistas e brâmanes. Ele repousa, pois, sobre princípios independentes de toda questão dogmática. Suas consequências morais estão no sentido do Cristianismo, porque o Cristianismo é, de todas as doutrinas, a mais esclarecida e a mais pura, e é por essa razão que, de todas as seitas religiosas do mundo, os cristãos estão mais aptos a compreendê-lo em sua verdadeira essência. Pode-se, por isso, fazer-lhe uma censura? Cada um, sem dúvida, pode fazer uma religião de suas opiniões, interpretar à vontade as religiões conhecidas, mas daí à constituição de uma nova Igreja, há distância.

**O padre – Não fazeis, entretanto, as evocações depois de uma fórmula religiosa?**

A. K. – Seguramente colocamos um sentimento de religiosidade nas evocações e nas nossas reuniões, mas não há fórmula sacramental; para os Espíritos o pensamento é tudo e a forma nada. Nós os chamamos em nome de Deus porque cremos em Deus, e sabemos que nada se faz neste mundo sem sua permissão, e que se Deus não lhes permitir vir, eles não virão. Procedemos em nossos trabalhos com calma e recolhimento, porque é uma condição necessária para as observações, e, em segundo lugar, porque conhecemos o respeito que se deve àqueles que não vivem mais sobre a Terra, qualquer que seja sua condição, feliz ou infeliz, no mundo dos Espíritos. Fazemos um apelo aos bons Espíritos porque, sabendo que há bons e maus, resulta que estes últimos não veem se misturar fraudulentamente nas comunicações que recebemos. O que tudo isso prova? Que nós não somos ateus, mas isso não implica, de nenhum modo, que sejamos religiosos.

**O padre – Pois bem! que dizem os Espíritos superiores com respeito à religião? Os bons devem nos aconselhar, nos guiar. Suponho que eu não tenha nenhuma religião e queira uma. Se eu lhes perguntar: me aconselhais que me torne católico, protestante, anglicano, quaker, judeu, maometano ou mórmon, que responderão eles?**

A. K. – *Há dois pontos a considerar nas religiões: os princípios gerais, comuns a todos, e os princípios particulares a cada uma. Os primeiros são aqueles de que falamos a toda hora, e que todos os Espíritos proclamam qualquer que seja sua posição. Quanto aos segundos, os Espíritos vulgares, sem serem maus, podem ter preferências e opiniões; eles podem preconizar tal ou tal forma. Eles podem, pois, encorajar em certas práticas, seja por convicção pessoal, seja porque conservam as ideias da vida terrestre, seja por prudência, para não assustar consciências tímidas. Credes, por exemplo, que um Espírito esclarecido, fosse mesmo Fénelon, dirigindo-se a um muçulmano, irá desastradamente dizer-lhe que Maomé era um impostor, e que estará perdido se não se tornar cristão? Ele se guardará disso, porque será repelido.*

*Os Espíritos superiores, e quando não são solicitados por nenhuma consideração especial, não se preocupam com questões de detalhes. Eles se limitam a dizer: "Deus é bom e justo; ele não quer senão o bem; a melhor de todas as religiões, pois, é aquela que não ensina senão conforme a bondade e a justiça de Deus; que dá de Deus uma ideia mais ampla, mais sublime, e não o rebaixa emprestando-lhe a pequenez e as paixões da Humanidade; que torna os homens bons e virtuosos e lhes ensina a se amarem todos como irmãos; que condena todo mal feito ao próximo; que não autoriza a injustiça sob qualquer forma ou pretexto que seja; que não prescreve nada de contrário às leis imutáveis da Natureza, porque Deus não pode se contradizer; aquela cujos ministros dão o melhor exemplo de bondade, de caridade e de moralidade; aquela que tende a combater melhor o egoísmo e a lisonjear menos o orgulho e a vaidade dos homens; aquela, enfim, em nome da qual se comete menos mal, porque uma boa religião não pode ser o pretexto de um mal qualquer; ela não deve lhe deixar nenhuma porta aberta, nem diretamente, nem pela interpretação.*

*Vede, julgai e escolhei.*

**O padre** – Suponho que certos pontos da doutrina católica sejam contestados pelos Espíritos, que considerais como superiores. Suponho mesmo que esses pontos sejam errados; aquele para quem eles são artigos de fé, errados ou certos, que os pratica em consequência, pode essa crença, segundo esses mesmos Espíritos, ser prejudicial à sua salvação?

A. K. – *Seguramente não, se essa crença não o afasta da prática do* bem, se, ao contrário, ela o incita a isso; enquanto que, a crença mais bem fundada, o prejudicará, evidentemente, se ela lhe é ocasião para a prática do mal, de falta de caridade para com seu próximo, se o torna duro e egoísta, porque, então, ele não age conforme a lei de Deus, e Deus considera o pensamento antes dos atos. Quem ousaria sustentar o contrário?

Pensais, por exemplo, que um homem que cresse perfeitamente em Deus, e que, em nome de Deus, cometesse atos desumanos ou contrários à caridade, sua fé lhe seja muito proveitosa? Não é tanto mais culpado quanto maiores os meios de esclarecimentos?

**O padre – Assim, o católico fervoroso que cumpre escrupulosamente os deveres do seu culto não é censurado pelos Espíritos?**

A. K. – Não, se é para ele uma questão de consciência, se o faz com sinceridade; sim, mil vezes sim, se é por hipocrisia, e se não há nele senão uma piedade aparente.

Os Espíritos superiores, aqueles que têm por missão o progresso da Humanidade, se erguem contra todos os abusos que podem retardar esse progresso, qualquer que seja a sua natureza, e quaisquer que sejam os indivíduos ou as classes sociais que deles se aproveitam. Ora, não negareis que a religião disso não esteve sempre isenta; se, entre seus ministros, há os que cumprem sua missão com um devotamento todo cristão, que a fazem grande, bela e respeitável, concordareis que nem todos cumpriram sempre a santidade do seu ministério. Os Espíritos eliminam o mal por toda parte onde ele se encontre; assinalar os abusos da religião é atacá-la? Ela não tem maiores inimigos que aqueles que os defendem, porque são esses abusos que fazem nascer o pensamento de que alguma coisa de melhor pode substituí-la. Se a religião corresse um perigo qualquer, seria necessário atribuí-lo àqueles que dela dão uma falsa ideia, transformando-a numa arena das paixões humanas, e que a exploram em proveito da sua ambição.

**O padre – Dizeis que o Espiritismo não discute os dogmas, e, todavia, admite certos pontos combatidos pela Igreja, tais como, por exemplo, a reencarnação, a presença do homem sobre a Terra antes de Adão; ele nega a eternidade das penas, a existência dos demônios, o purgatório, o fogo do inferno.**

A. K. – Esses pontos foram discutidos durante muito tempo, e não *foi o Espiritismo que os questionou; são opiniões das quais algumas mesmo são contestadas pela teologia e que o futuro julgará. Um grande princípio os domina a todos: a prática do bem, que é a lei superior, a condição* sine qua non *do nosso futuro, como nos prova o estado dos Espíritos que se comunicam conosco. A espera de que a luz seja feita para vós sobre essas questões, crede, se quiserdes, nas chamas e nas torturas materiais, se isso pode vos impedir de fazer o mal: isso não as tornará mais reais se não existem. Acreditai que temos uma só existência corporal, se vos agrada: isso não impedirá de renascer aqui ou alhures, se assim deve ser, malgrado vós. Acreditai que o mundo foi criado, em todas as suas partes, em seis vezes vinte e quatro horas, se é essa vossa opinião: isso não impedirá a Terra de trazer escrito em suas camadas geológicas a prova contrária. Se quiserdes, acreditai que Josué deteve o sol: isso não impedirá a Terra de girar. Acreditai que o homem não está sobre a Terra senão há seis mil anos: isso não impedirá aos fatos de mostrarem sua impossibilidade. E que direis se, um belo dia, essa inexorável geologia venha demonstrar por marcas patentes a anterioridade do homem, como demonstrou tantas outras coisas? Acreditai, pois, em tudo o que quereis, mesmo no diabo, se essa crença pode vos tornar bom, humano e caridoso para com os vossos semelhantes. O Espiritismo, como doutrina moral, não impõe senão uma coisa: a necessidade da prática do bem e de não fazer o mal. É uma ciência de observação que, repito-o, tem consequências morais, e essas consequências são a confirmação e a prova dos grandes princípios da religião; quanto às questões secundárias, ele as deixa à consciência de cada um.*

*Anotai bem, senhor, que alguns dos pontos divergentes, dos quais acabais de falar, o Espiritismo não os contesta, em princípio. Se tivésseis lido tudo o que escrevi sobre esse assunto, teríeis visto que ele se limita a lhes dar uma explicação mais lógica e mais racional que aquela que lhes dão vulgarmente.*

*É assim, por exemplo, que ele não nega o purgatório, mas lhe demonstra, ao contrário, a necessidade e a justiça, indo mais além ao defini-lo. O inferno foi descrito como uma imensa fornalha; mas é assim que o entende a alta teologia? Evidentemente não; ela diz muito bem que é uma figura e que o fogo no qual se queima é um fogo moral, símbolo das dores maiores. Quanto à eternidade das penas, se fosse possível pôr a questão em votação para conhecer a opinião íntima de todos os homens em estado de raciocinar ou de compreender, mesmo entre os mais religiosos, ver-se-ia de que lado está a maioria, porque a ideia de uma eternidade de suplícios é a negação da infinita misericórdia de Deus.*

Eis, de resto, o que diz a Doutrina Espírita a esse respeito:

*A duração do castigo está subordinada ao aprimoramento do Espírito culpado. Nenhuma condenação por tempo determinado é pronunciada contra ele. O que Deus exige para pôr termo ao sofrimento, é o arrependimento, a expiação e a reparação, em uma palavra, um aprimoramento sério, efetivo, e um retorno sincero ao bem. O Espírito tem, assim, o arbítrio de sua própria sorte; ele pode prolongar seus sofrimentos pela sua obstinação no mal, abrandá-los ou abreviá-los pelos seus esforços em fazer o bem.*

*A duração do castigo estando subordinada ao arrependimento, disso resulta que o Espírito culpado que não se arrependesse e não se melhorasse jamais, sofreria sempre, e que, para ele, a pena seria eterna. A eternidade das penas, pois, deve-se entender no sentido relativo e não no sentido absoluto.*

*Uma condição inerente à inferioridade dos Espíritos é de, não podendo ver o termo da sua situação, crer que sofrerão sempre; é para eles um castigo. Mas, desde que sua alma se abra ao arrependimento, Deus lhes faz entrever um raio de esperança.*

*Esta doutrina, evidentemente, está mais conforme a justiça de Deus, que pune enquanto se persiste no mal e perdoa quando se entra no bom caminho. Quem a imaginou? Nós? Não; são os Espíritos que a ensinam e a provam pelos exemplos que colocam diariamente sob nossos olhos.*

*Os Espíritos não negam, pois, as penas futuras, uma vez que descrevem seus próprios sofrimentos; e esse quadro nos toca mais que os das chamas perpétuas, porque tudo nele é perfeitamente lógico. Compreende-se que isso é impossível, que deve sê-lo assim, que essa situação é uma consequência toda natural das coisas; pode ser aceita pelo pensador filósofo, porque nada nisso repugna a razão. Eis porque as crenças espíritas conduziram ao bem uma multidão de pessoas, mesmo materialistas, que o medo do inferno, tal como nos é pintado, não tinha podido deter.*

**O padre – Admitindo vosso raciocínio, pensais que falta ao vulgo**

**imagens mais apavorantes do que uma filosofia que ele não pode compreender?**

A. K. – *Está aí um erro que fez mais de um materialista ou, pelo menos, desviou mais de um homem da religião. Chega um momento em que essas imagens não assustam mais e, então, as pessoas que não se aprofundam, rejeitando uma parte, rejeitam o todo, porque dizem: se me ensinaram como uma verdade incontestável um princípio que é falso, se me deram uma imagem, uma figura pela realidade, quem me diz que o resto é mais verdadeiro? Se, ao contrário, a razão, num crescente, não repele nada, a fé se fortifica. A religião ganhará sempre seguindo o progresso das ideias; se nunca ela devesse periclitar, seria porque os homens não teriam avançado e ela permanecido estacionária. É equivocar-se com a época crer que se pode, hoje, conduzir os homens pelo temor do demônio e das torturas eternas.*

**O padre – A Igreja, com efeito, reconhece hoje que o inferno material é uma figura; mas isso não exclui a existência dos demônios; sem eles, como explicar a influência do mal que não pode vir de Deus?**

A. K. – *O Espiritismo não admite os demônios no sentido vulgar da palavra, mas admite os maus Espíritos que não valem melhor e que fazem igualmente o mal, suscitando maus pensamentos; somente ele diz que esses não são seres à parte, criados para o mal e perpetuamente devotados ao mal, espécie de párias da criação e carrascos do gênero humano; são seres atrasados, ainda imperfeitos, mas aos quais Deus reserva o futuro. Isso está de acordo com a Igreja Católica grega que admite a conversão de Satã, alusão ao melhoramento dos maus Espíritos. Anotai ainda que a palavra demônio não implica a ideia de maus Espíritos senão pela acepção moderna que lhe foi dada, porque a palavra grega daímôn significa gênio, inteligência. Ora, admitir a comunicação dos maus Espíritos é reconhecer, em princípio, a realidade das manifestações. É preciso saber se só eles se comunicam, como o afirma a Igreja para motivar a proibição que faz de comunicar-se com os Espíritos. Invocamos aqui o raciocínio e os fatos. Se Espíritos, quaisquer que sejam, se comunicam, não é senão com a permissão de Deus: compreender-se-ia que ele permitisse apenas aos maus? Como? enquanto que deixaria a estes toda a liberdade de vir enganar os homens, interditaria aos bons de virem contrabalançar, neutralizar suas perniciosas doutrinas? Crer que seja assim não seria colocar em dúvida seu poder e sua bondade e fazer de Satã um rival da Divindade? A Bíblia, o Evangelho, os Pais da Igreja, reconhecem perfeitamente a possibilidade de comunicação com o mundo invisível, e desse mundo os bons não estão excluídos; por que, pois, o seriam hoje? Aliás, a Igreja admitindo a autenticidade de certas aparições e comunicações de santos, exclui por isso mesmo a ideia de que não se pode ter relações senão com os maus Espíritos. Seguramente, quando as comunicações não encerram senão coisas boas, como a pregação da moral evangélica mais pura e mais sublime, a abnegação, o desinteresse e o amor ao próximo; quando aí se combate o mal, com qualquer coloração que ele se apresente, é racional crer-se que o Espírito maligno vem assim realizar seu trabalho?*

**O padre – O Evangelho nos ensina que o anjo das trevas, ou Satã, se transforma em anjo de luz para seduzir os homens.**

*A. K. – Satã, segundo o Espiritismo e a opinião de muitos filósofos cristãos, não é um ser real; é a personificação do mal, como outrora Saturno era a personificação do tempo. A Igreja prende à letra essa figura alegórica; é um negócio de opinião que eu não discutirei. Admitamos, por um instante, que Satã seja um ser real; a Igreja, à força de exagerar seu poder para amedrontar, chega a um resultado todo contrário, quer dizer, à destruição, não só de todo medo mas também de toda crença em sua pessoa, segundo o provérbio: "quem quer muito provar não prova nada". Ela o representa como eminentemente fino, sagaz e astuto, e na questão do Espiritismo o faz representar o papel de um tolo e de um inábil.*

*Uma vez que o objetivo de Satã é alimentar o inferno com suas vítimas e arrebatar almas de Deus, compreende-se que ele se dirija àqueles que estão no caminho do bem para os induzir ao mal, e que por isso ele se transforme, segundo uma muito bela alegoria, em anjo da luz, quer dizer, simule hipocritamente a virtude; mas que ele deixe escapar aqueles que já tem em suas garras é o que não se compreende. Aqueles que não creem nem em Deus, nem em sua alma, que desprezaram a prece e estão mergulhados no vício, estão para ele tanto quanto é possível estar; nada mais há a fazer para os afundar mais na lama; ora, incitá-los a retornar a Deus, a lhe pedir, a submeter-se à sua vontade, encorajá-los a renunciar ao mal mostrando-lhe a felicidade dos eleitos, e a triste sorte que espera os maus, seria ato de um tolo, mais estúpido que se desse a liberdade a pássaros engaiolados com o pensamento de os recuperar em seguida.*

*Há, pois, na doutrina da comunicação exclusiva dos demônios uma contradição que fere o homem sensato; por isso não se persuadirá jamais que os Espíritos que reconduzem a Deus aqueles que o negavam, ao bem, aqueles que faziam o mal, que consolam os aflitos, dão força e coragem aos fracos; que, pela sublimidade dos seus ensinamentos elevam a alma acima da vida material, sejam os subordinados de Satã, e que, por esse motivo, deve-se interditar toda relação com o mundo invisível.*

**O padre – Se a Igreja proíbe as comunicações com os Espíritos dos mortos é porque são contrárias à religião, como estão formalmente condenadas pelo Evangelho e por Moisés. Este último, pronunciando a pena de morte contra essas práticas, prova quanto elas são represensíveis aos olhos de Deus.**

*A. K. – Eu vos peço perdão, mas essa proibição não está em nenhuma parte no Evangelho; ela está somente na lei mosaica. Trata-se, pois, de saber se a Igreja coloca a lei mosaica acima da lei evangélica, quer dizer, se ela é mais judaica que cristã. Observe-se mesmo que de todas as religiões, a que faz menos oposição ao Espiritismo é a Judaica, e que ela não tem invocado a lei de Moisés, sobre as quais se apoiam as seitas cristãs, contra as evocações. Se as prescrições bíblicas são o código da fé cristã, por que interditar a leitura da Bíblia? Que se diria se se proibisse a um cidadão estudar o código das leis de seu país?*

*A proibição feita por Moisés tinha então sua razão de ser, porque o legislador hebreu queria que seu povo rompesse com todos os costumes adquiridos entre os Egípcios, e que este, do qual se trata aqui, era um motivo de abusos. Não se evocavam os mortos por respeito e afeição por eles, nem com um sentimento de piedade; era um meio de adivinhação, objeto de um tráfico vergonhoso explorado pelo charlatanismo e a superstição; portanto, Moisés teve razão em proibi-la. Se ele pronunciou contra esse abuso uma penalidade severa, é que precisava de meios rigorosos para governar seu povo indisciplinado; também a pena de morte está prodigalizada na sua legislação. Apoia-se erradamente sobre a severidade do castigo para provar o grau de culpabilidade da evocação dos mortos.*

*Se a proibição de evocar os mortos veio do próprio Deus, como pre-*

*tende a Igreja, deve ter sido Deus quem editou a pena de morte contra os infratores. A pena tem, pois, uma origem tão sacra quanto a proibição; por que não a conservaram? Moisés promulgou todas as suas leis em nome de Deus, e por sua ordem. Se se crê que Deus seja seu autor, por que não são elas mais observadas? Se a lei de Moisés é para a Igreja um artigo de fé sobre algum ponto, por que não o é sobre todos? Por que a ela recorrer naquilo que tem necessidade e repeli-la no que não convém? Por que não segui-la em todas as suas prescrições, a circuncisão, entre outras, que Jesus suportou e não aboliu?*

*Havia na lei mosaica duas partes: primeiro, a lei de Deus, resumida nas tábuas do Sinai, e que permaneceu porque era divina e o Cristo não fez senão desenvolvê-la; segundo, a lei civil ou disciplinar, apropriada aos costumes da época e que o Cristo aboliu.*

*Hoje, as circunstâncias não são as mesmas e a proibição de Moisés não tem mais cabimento. Aliás, se a Igreja proíbe evocar os mortos, pode ela impedir que eles venham sem que sejam chamados? Não se vê todos os dias pessoas que jamais se ocuparam com o Espiritismo, como se via antes que ele fosse discutido, ter manifestações de todos os gêneros?*

*Outra contradição: se Moisés proibiu a evocação dos Espíritos dos mortos, é porque esses Espíritos poderiam vir, de outro modo a proibição teria sido inútil. Se eles podiam vir naquele tempo, podem ainda hoje; se eles são os Espíritos dos mortos, não são, pois, exclusivamente demônios. É preciso ser lógico antes de tudo.*

**O padre – A Igreja não nega que os bons Espíritos possam se comunicar, uma vez que reconhece que os santos se manifestaram; ela, porém, não pode considerar como *bons* os que vêm contradizer seus princípios imutáveis. Os Espíritos ensinam as penas e as recompensas futuras, mas não ensinam como ela; só ela pode julgar seus ensinamentos e discernir os bons dos maus.**

*A. K. – Eis a grande questão. Galileu foi acusado de heresia e de ser inspirado pelo demônio, porque revelou uma lei da Natureza provando o erro de uma crença que se acreditava inatacável; fossem considerados como* bons *aqueles que vêm contradizer todos os pontos arraigados na opinião exclusiva da Igreja, ou não tivessem proclamado a liberdade de consciência e condenado certos abusos, eles teriam sido os bem-vindos e não seriam qualificados de demônio.*

*Tal é também a razão pela qual todas as religiões, os muçulmanos tanto quanto os católicos, se creem na posse exclusiva da verdade absoluta, considerando como obra do demônio toda doutrina que não coincide inteiramente com seu ponto de vista. Ora, os Espíritos não vêm destruir a religião mas, como Galileu, revelar novas leis da Natureza. Se alguns pontos de fé passam por isso, é que, da mesma forma que a crença no movimento do Sol, eles estão em contradição com essas leis. A questão é de saber se um artigo de fé pode anular uma lei da Natureza, que é obra de Deus; e se, essa lei reconhecida, não é mais sábio interpretar o dogma no sentido da lei ao invés de atribuir esta ao demônio.*

**O padre – Passemos sobre a questão dos demônios, pois eu sei que ela é diversamente interpretada pelos teólogos. Mas o sistema da reencarnação me parece mais difícil conciliar com os dogmas, porque ele não é uma outra coisa senão a metempsicose renovada de Pitágoras.**

*A. K. – Este não é o momento de discutir uma questão que exigiria um longo desenvolvimento; encontrá-la-eis tratada em* O Livro dos Espíritos *e em* A Moral do Evangelho Segundo o Espiritismo *(1). Eu não direi sobre isso, pois, senão duas palavras.*

*A metempsicose dos antigos consistia na transmigração da alma do homem nos animais, o que implicava uma degradação. De resto, essa doutrina não era o que se acredita vulgarmente. A transmigração nos animais não era considerada como uma condição inerente à natureza da alma humana, mas como um castigo temporário; é assim que as almas dos assassinos passariam no corpo de animais ferozes para aí receberem sua punição; a dos impudicos nos porcos e nos javalis; as dos inconstantes e dos avoados, nos pássaros; as dos preguiçosos e dos ignorantes nos animais aquáticos. Depois de alguns milhares de anos, mais ou menos segundo a culpabilidade dessa espécie de prisão, a alma reentraria na Humanidade. A encarnação animal não era, pois, uma condição absoluta, e ela se aliava, como se vê, à reencarnação humana, e a prova disso é que a punição dos homens tímidos consistia em passar no corpo de mulheres expostas ao desprezo e às injúrias. (2) Era uma espécie de espantalho para os simples, bem mais que um artigo de fé entre os filósofos. Da mesma forma que se diz à crianças: "se sois maus o lobo vos comerá", os antigos diziam aos*

---

(1) Ver O Livro dos Espíritos, nº 166 e seguintes, idem 222 e 1010. A Moral do Evangelho, cap. IV e V.

(2) Ver A pluralidade das existências da alma, por Pezzani.

criminosos: "tornar-vos-eis lobos". Hoje se lhes diz: "o diabo vos tomará e vos carregará para o inferno".

A pluralidade das existências, segundo o Espiritismo, difere essencialmente da metempsicose, no sentido de que não admite a encarnação da alma nos animais, mesmo como punição. Os Espíritos ensinam que a alma não retrograda, mas que progride sem cessar. Suas diferentes existências corporais se realizam na Humanidade; cada existência é para ela um passo adiante na senda do progresso intelectual e moral, o que é bem diferente. Não podendo adquirir um desenvolvimento completo em uma única existência, frequentemente abreviada por causas acidentais, Deus lhe permite continuar em uma nova encarnação a tarefa que ela não pôde acabar, ou de recomeçar a que fez mal. A expiação na vida corporal consiste nas tribulações que aí se suporta.

Quanto à questão de saber se a pluralidade das existências é, ou não, contrária a certos dogmas da Igreja, eu me limitarei a dizer isto:

De duas coisas uma, ou a reencarnação existe ou não existe; se ela existe é porque está nas leis da Natureza. Para provar que ela não existe seria preciso provar que ela é contrária, não aos dogmas, mas a essas leis, e que se pode encontrar uma outra que explique mais claramente e mais logicamente, as questões que só ela pode resolver.

De resto, é fácil demonstrar que certos dogmas aí encontram uma sanção racional que os faz aceitos por aqueles que os repeliam por não compreendê-los. Não se trata, pois, de destruir, mas de interpretar, o que acontecerá mais tarde pela força das coisas. Aqueles que não quiserem aceitar a interpretação estarão perfeitamente livres, como estão, hoje, de crer que é o Sol que gira ao redor da Terra. A ideia da pluralidade das existências se vulgariza com uma espantosa rapidez em razão de sua extrema lógica e da sua conformidade com a justiça de Deus. Quando ela for reconhecida como verdade natural e for aceita por todo o mundo, que fará a Igreja?

Em resumo, a reencarnação não é um sistema imaginado pelas necessidades de uma causa, nem uma opinião pessoal; é, ou não é, um fato. Se está demonstrado que certas coisas que existem são materialmente impossíveis sem a reencarnação, é preciso admitir que elas são o fato da reencarnação, pois se ela está na Natureza, não poderia ser anulada por uma opinião contrária.

**O padre – Aqueles que não creem nos Espíritos e em suas manifestações, são, no dizer dos Espíritos, menos dotados na vida futura?**

A. K. – *Se essa crença fosse indispensável à salvação dos homens, em que se tornariam aqueles que, desde que o mundo existe, não a puderam ter, e aqueles que, por muito tempo ainda, morrerão sem a ter? Deus pode lhes fechar a porta do futuro? Não; os Espíritos que nos instruem são mais lógicos que isso e nos dizem: Deus é soberanamente justo e bom, e não faz depender a sorte futura do homem, de condições independentes da sua vontade; eles não dizem:* fora do Espiritismo não há salvação, *mas como o Cristo:* fora da caridade não há salvação.

**O padre – Então, permiti-me dizer-vos que, desde o momento em que os Espíritos não ensinam senão os princípios da moral que encontramos no Evangelho, eu não vejo que utilidade pode ter o Espiritismo, uma vez que podíamos nos salvar antes e que ainda podemos fazê-lo sem ele. Não seria o mesmo se os Espíritos viessem ensinar algumas grandes verdades novas, alguns princípios que mudassem a face do mundo, como fez o Cristo. Pelo menos era só o Cristo, sua doutrina era única, enquanto que os Espíritos são milhares que se contradizem; uns dizem branco, outros preto; de onde seguiu-se que, desde o princípio, seus partidários formam já várias seitas. Não seria melhor deixar os Espíritos tranquilos e nos atermos ao que temos?**

A. K. – *Errais, senhor, em não sair do vosso ponto de vista e de tomar a Igreja como único critério dos conhecimentos humanos. Se Cristo disse a verdade, o Espiritismo não podia dizer outra coisa e, em lugar de lhe lançar pedras, se deveria acolhê-lo como um poderoso auxiliar que veio confirmar, por todas as vozes de além-túmulo, as verdades fundamentais da religião, combatidas pela incredulidade. Que o materialismo o combata, isso se compreende; mas que a Igreja se ligue contra ele com o materialismo, é menos concebível. O que é de todo inconsequente é que ela qualifica de demoníaco um ensinamento que se apoia sobre a mesma autoridade, e proclama a missão divina do fundador do Cristianismo.*

*Mas Cristo disse tudo? podia tudo revelar? Não, porque ele mesmo disse: "teria ainda muitas coisas a vos dizer, mas não as compreenderíeis, por isso vos falo por parábolas". O Espiritismo vem, hoje que o homem está maduro para o compreender, completar e explicar o que Cristo não fez senão esflorar, ou não disse senão sob a forma alegórica. Direis, sem dúvi-*

*da, que o mérito dessa explicação pertence à Igreja. Mas a qual? à Igreja romana, grega ou protestante? Uma vez que elas não estão de acordo, cada uma explicou no seu sentido e reivindicou esse privilégio. Qual aquela que religou todos os cultos dissidentes? Deus, que é sábio, prevendo que os homens aí misturariam suas paixões e seus preconceitos, não quis lhes confiar os cuidados dessa nova revelação: disso encarregou os Espíritos, seus mensageiros, que a proclamam sobre todos os pontos do globo, e isso fora de todo culto particular, a fim de que ela possa se aplicar a todos, e que ninguém a desvie em proveito próprio.*

*Por outro lado, os diversos cultos cristãos não estão em nada afastados do caminho traçado pelo Cristo? Seus preceitos de moral são escrupulosamente observados? Não se tem desvirtuado suas palavras para fazê-las um apoio da ambição e das paixões humanas, que são por elas condenadas? Ora, o Espiritismo, pela voz dos Espíritos enviados de Deus, vem chamar à estrita observação de seus preceitos aqueles que deles se afastam; não seria esse último motivo que o faz qualificar de obra satânica?*

*Erradamente, dais o nome de seitas a algumas divergências de opiniões relacionadas com os fenômenos espíritas. Não é de espantar que, no início de uma ciência, quando para muitos as observações eram ainda incompletas, tenham surgido teorias contraditórias, mas essas teorias repousam sobre detalhes e não sobre o princípio fundamental. Elas podem constituir escolas que explicam certos fatos à sua maneira, mas não têm mais de seitas que os diferentes sistemas que dividem os nossos sábios sobre as ciências exatas: em medicina, física, etc. Suprimi, pois, a palavra seita que é de todo imprópria no caso presente. Aliás, desde sua origem, o próprio Cristianismo não deu nascimento a uma multidão de seitas? Por que a palavra de Cristo não foi bastante poderosa para impor silêncio a todas as controvérsias? Por que ela é suscetível de interpretações que dividem, ainda hoje, os Cristãos em diferentes Igrejas, que pretendem ser as únicas detentoras da verdade necessária à salvação, se detestam cordialmente e se anatematizam em nome do seu Divino Mestre, que não pregou senão o amor e a caridade? A fraqueza dos homens, direis? seja; por que quereis que o Espiritismo triunfe subitamente dessa fraqueza e transforme a Humanidade como por encantamento?*

*Eu me encaminho para a questão de utilidade. Dissestes que o Es-*

*piritismo não ensina nada de novo; é um erro. Ele ensina muito àqueles que não se detêm em superficialidades. Tivesse apenas substituído a máxima:* fora da caridade não há salvação, *em lugar de* fora da Igreja não há salvação *que os divide, e já teria marcado uma nova era da Humanidade.*

*Dissestes que se poderia passar sem ele; de acordo; como se poderia passar sem uma multidão de descobertas científicas. Os homens também se comportavam bem antes da descoberta de todos os novos planetas; antes que se tivessem calculado os eclipses; antes que se conhecesse o mundo microscópico e cem outras coisas. O camponês, para viver e produzir seu trigo, não tem necessidade de saber o que é um cometa. Todavia, ninguém nega que todas essas coisas alargam o círculo de ideias e nos fazem penetrar mais além nas leis da Natureza. Ora, o mundo dos Espíritos é uma dessas leis, que o Espiritismo nos faz conhecer ensinando-nos a influência que exerce sobre o mundo corporal; supondo-se que a isso se limite sua utilidade, já não seria bastante a revelação de semelhante força?*

*Vejamos, agora, sua influência moral. Admitamos que ele não ensine absolutamente nada de novo a esse respeito; qual é o maior inimigo da religião? O materialismo, porque o materialismo não crê em nada; ora, o Espiritismo é a negação do materialismo que não tem mais razão de ser. Não é mais pelo raciocínio, pela fé cega, que se diz ao materialista que tudo não termina com seu corpo, mas pelos fatos, que lhe mostra, permite-lhe tocar com os dedos e com o olhar. Não está aí um pequeno serviço que ele presta à Humanidade, à religião? Mas não é tudo: a certeza da vida futura, o quadro vivo daqueles que nela nos antecederam, mostram a necessidade do bem, e as consequências inevitáveis do mal. Eis porque sem ser, em si mesmo, uma religião, ele leva essencialmente às ideias religiosas, as desenvolve naqueles que não as têm e as fortifica naqueles em que elas são hesitantes. A religião, pois, encontra nele um apoio, não para essas pessoas de vista estreita que a veem inteiramente na doutrina do fogo eterno, na letra mais que no espírito, mas para aqueles que a veem segundo a grandeza e a majestade de Deus.*

*Em uma palavra, o Espiritismo engrandece e eleva as ideias; ele combate os abusos engendrados pelo egoísmo, a cupidez, a ambição; mas quem ousaria proibi-los e deles declarar-se vencedor? Se ele não é indispensável à salvação, facilita-a consolidando-nos no caminho do bem. Qual é, aliás, o homem sensato que ousaria adiantar que um defeito do ortodoxo é mais repreensível aos olhos de Deus do que do ateu e do materialista? Eu coloco honestamente as questões seguintes a todos aqueles que combatem o Espiritismo relativamente às suas consequências religiosas:*

*1. – Qual é o pior dotado na vida futura, aquele que não crê em nada ou aquele que, crendo nas verdades gerais, não admite certas partes do dogma?*

*2. – O protestante e o cismático estão confundidos na mesma reprovação do ateu e do materialista?*

*3. – Aquele que não é ortodoxo, no rigor da palavra, mas que faz todo o bem que pode, que é bom e indulgente para com o seu próximo, leal em suas relações sociais, está menos garantido de sua salvação que aquele que crê em tudo, mas que é duro, egoísta e descaridoso?*

*4. – Qual vale mais aos olhos de Deus: a prática das virtudes cristãs sem as do dever da ortodoxia, ou a prática destes últimos sem as da moral?*

*Eu respondi, senhor abade, às questões e às objeções que me haveis dirigido, mas, como vos disse inicialmente, sem nenhuma intenção preconcebida de vos conduzir às nossas ideias e mudar vossas convicções, limitando-me a vos fazer examinar o Espiritismo sob seu verdadeiro ponto de vista. Se não tivésseis vindo eu não vos teria procurado. Isso não quer dizer que desprezemos vossa adesão aos nossos princípios se ela deva ter lugar; bem longe disso; somos felizes, ao contrário, com todas as aquisições que fazemos e que têm para nós tanto maior valor quanto sejam livres e voluntárias. Não temos nenhum direito para constranger quem quer que seja e teríamos escrúpulo em perturbar a consciência daqueles que, tendo crenças que os satisfazem, não vêm espontaneamente a nós.*

*Nós dissemos que o melhor meio de se esclarecer sobre o Espiritismo é estudando previamente sua teoria; os fatos virão naturalmente em seguida, e serão compreendidos, qualquer que seja a ordem na qual os conduzam as circunstâncias. Nossas publicações são feitas com o objetivo de favorecer esse estudo; eis, a esse respeito, o roteiro que aconselhamos.*

*A primeira leitura a fazer-se é a deste resumo que apresenta o conjunto dos pontos mais destacados da ciência; com isso, já se pode fazer dela uma ideia e se convencer de que, no fundo, há alguma coisa séria.* Nesta rápida exposição fomos levados a indicar os pontos que devem, particularmente, fixar a atenção do observador. *A ignorância dos princípios fundamentais é a causa das falsas apreciações da maioria daqueles que julgam o que não compreendem ou segundo suas ideias preconcebidas.*

Se este primeiro contato dá o desejo de sobre ele se saber mais, *ler-se-á* O Livro dos Espíritos, *onde os princípios da doutrina estão completamente desenvolvidos; depois,* O Livro dos Médiuns *para a parte experimental, destinado a servir de guia para aqueles que querem operar por si mesmos, como para aqueles que querem se inteirar dos fenômenos. Vêm, em seguida, as diversas obras onde estão desenvolvidas as aplicações e as consequências da doutrina, tais como:* A Moral do Evangelho Segundo o Espiritismo, O Céu e o Inferno Segundo o Espiritismo, *etc.*

A Revista Espírita *é, de alguma sorte, um curso de aplicação, pelos numerosos exemplos e os desenvolvimentos que ela encerra, sobre a parte teórica e sobre a parte experimental.*

Às pessoas sérias, que tenham feito um estudo prévio, teremos prazer em dar, verbalmente, as explicações necessárias sobre os pontos que não tenham compreendido inteiramente.

# CAPÍTULO 2

# Noções elementares de Espiritismo

## Observações preliminares

**1** – É um erro crer-se que basta a certos incrédulos verem fenômenos extraordinários para estarem convencidos. Aqueles que não admitem a alma ou o Espírito no homem, não podem admiti-lo fora do homem; por conseguinte, negando a causa, negam o efeito. Chegam assim, quase sempre, com uma ideia preconcebida e uma posição de negação que os desviam de uma observação séria e imparcial. Fazem perguntas e objeções às quais é impossível responder-se instantaneamente de um modo completo, porque seria preciso, para cada pessoa, fazer uma espécie de curso e recomeçar as coisas desde o início. O estudo prévio tem por resultado responder antecipadamente às objeções, das quais a maioria é fundada sobre a ignorância da causa dos fenômenos, e das condições nas quais eles se produzem.

**2** – Aqueles que não conhecem o Espiritismo, imaginam que se produzem fenômenos espíritas como se faz em experiências de física e de química. Daí sua pretensão em os submeter à sua vontade, e a recusa de se colocar nas condições necessárias para a observação. Não admitindo, em princípio, a existência e a intervenção dos Espíritos, ou pelo menos não conhecendo sua natureza, nem seu modo de ação, eles agem como se operassem sobre a matéria bruta; e do fato de não obterem o que procuram, concluem que não há Espíritos.

Colocando-se em um outro ponto de vista, compreender-se-á que os Espíritos, sendo a alma dos homens depois da morte, nós mesmos seremos Espíritos, e que estaríamos pouco dispostos a servirmos de joguete para satisfazer as fantasias dos curiosos.

**3** – Se bem que certos fenômenos possam ser provocados, em razão de provirem de inteligências livres, eles não estão jamais à disposição absoluta de quem quer que seja, e quem se empenhasse em obtê-los à vontade, provaria ou sua ignorância ou sua má-fé. É preciso esperá-los, compreendê-los em sua passagem e, frequentemente, é no momento em que menos se espera, que se apresentam os fatos mais interessantes e mais concludentes. Aquele que quer, seriamente, se instruir deve, pois, levar nisso, como em todas as coisas, a paciência, a perseverança, e fazer aquilo que é necessário; de outro modo, é melhor para ele disso não se ocupar.

**4** – As reuniões destinadas às manifestações espíritas não estão sempre em boas condições, seja para obter-se resultados satisfatórios, seja para conduzir à convicção: há reuniões mesmo, é preciso nisso convir, das quais os incrédulos saem menos convencidos do que quando entraram, fazendo restrições àqueles que lhes falam do caráter sério do Espiritismo em vista das coisas, frequentemente ridículas, que testemunharam. Eles não são mais lógicos que aquele que julgasse uma arte pelos esboços de um estudante, de uma pessoa pela sua caricatura, ou de uma tragédia pela sua paródia. O Espiritismo tem também seus estudantes e aquele que quer se esclarecer não haure seus ensinamentos em uma só fonte; não é senão pelo exame e pela comparação que ele pode assentar seu julgamento.

**5** – As reuniões frívolas têm um grave inconveniente para os iniciantes que as assistem, quando lhes dão uma ideia falsa do caráter do Espiritismo. Aqueles que não assistiram senão a reuniões desse gênero, não saberiam levar a sério uma coisa que veem tratada com leviandade por aqueles mesmos que dela se dizem seus adeptos. Um estudo prévio os ensinará a julgar a importância daquilo que veem e a separar o bom do mau.

**6** – O mesmo raciocínio se aplica àqueles que julgam o Espiritismo por certas obras excêntricas que não podem dele dar senão uma ideia incompleta e ridícula. O Espiritismo sério não é mais responsável por aqueles que o compreendem mal ou o praticam insensatamente, do que a poesia não é responsável por aqueles que fazem maus versos. É deplorável, diz-se, que tais obras existam, porque elas comprometem a verdadeira ciência. Sem dúvida, seria preferível que ele não tivesse senão obras boas;

mas o maior erro cabe àqueles que não se dão ao trabalho de tudo estudar. Todas as artes, todas as ciências, aliás, estão no mesmo caso; não há sobre as coisas mais sérias tratados absurdos e cheios de erros? Por que o Espiritismo seria privilegiado a esse respeito, sobretudo em seu início? Se aqueles que o criticam não o julgassem pelas aparências, saberiam o que ele admite e o que ele rejeita, e não o acusariam daquilo que ele repudia em nome da razão e da experiência.

# Dos Espíritos

**7 –** Os Espíritos não são, como frequentemente se imagina, seres à parte na criação; são as almas daqueles que viveram sobre a Terra ou em outros mundos, despojados de seu envoltório corporal. Quem admitir a existência da alma sobrevivendo ao corpo, admite por isso mesmo a existência dos Espíritos. Negar os Espíritos seria negar a alma.

**8 –** Geralmente, faz-se um ideia muito falsa do estado dos Espíritos; eles não são, como alguns o creem, seres vagos e indefinidos, nem chamas como os fogos-fátuos, nem fantasmas como nos contos de almas do outro mundo. São seres semelhantes a nós, tendo um corpo como o nosso, mas fluídico e invisível em seu estado normal.

**9 –** Quando a alma está unida ao corpo, durante a vida, ela tem um duplo envoltório: um pesado, grosseiro e destrutível, que é o corpo; outro fluídico, leve e indestrutível, chamado *perispírito*.

**10 –** Há, pois, no homem três coisas essenciais: primeiro, *a alma* ou *Espírito*, princípio inteligente que abriga o pensamento, a vontade e o senso moral; segundo, o *corpo,* envoltório material que coloca o Espírito em relação com o mundo exterior; terceiro, o *perispírito,* envoltório fluídico, leve, imponderável, servindo de liame e de intermediário entre o Espírito e o corpo.

**11 –** Quando o envoltório exterior está gasto e não pode mais funcionar, ele sucumbe e o Espírito dele se despoja, como o fruto se despoja de sua casca, a árvore de sua casca, a serpente de sua pele, em uma palavra, como se tira uma veste velha e imprestável: é o que se chama de *morte.*

**12** – A morte não é senão a destruição do envoltório material; a alma abandona esse envoltório como a borboleta deixa sua crisálida; contudo, ela conserva seu corpo fluídico ou perispírito.

**13** – A morte do corpo livra o Espírito do envoltório que o amarrava à Terra e o fazia sofrer; uma vez liberto desse fardo, ele não tem mais que seu corpo etéreo, que lhe permite percorrer o espaço e transpor as distâncias com a rapidez do pensamento.

**14** – A união da alma, do perispírito e do corpo material constitui o *homem;* a alma e o perispírito separados do corpo constituem o ser chamado *Espírito.*

Nota – A *alma* é, assim, um ser simples; o *Espírito* um ser duplo e o *homem* um ser triplo. Seria, pois, mais exato reservar a palavra *alma* para designar o princípio inteligente, e a palavra *Espírito* para o ser semimaterial formado desse princípio e do corpo fluídico. Mas, como não se pode conceber o princípio inteligente isolado de toda matéria, nem o perispírito sem estar animado pelo princípio inteligente, as palavras *alma* e *Espírito* são, usualmente, empregadas indiferentemente uma pela outra; é a aparência que consiste em tomar a parte pelo todo, da mesma forma que se diz de uma vila que ela é povoada por tantas almas, um povoado de tantas casas; mas, filosoficamente, é essencial diferenciá-las.

**15** – Os Espíritos revestidos de corpos materiais constituem a Humanidade ou mundo corporal visível; despojados desses corpos, eles constituem o mundo espiritual ou mundo invisível, que povoam o espaço no meio do qual vivemos, sem disso suspeitar, como vivemos no meio do mundo dos infinitamente pequenos que não supúnhamos antes da invenção do microscópio.

**16** – Os Espíritos não são, pois, seres abstratos, vagos e indefinidos, mas seres concretos e circunscritos, aos quais não falta senão serem visíveis para assemelharem-se aos humanos, de onde se segue que, se em dado momento, o véu que os oculta pudesse ser levantado, eles formariam para nós toda uma população circundante.

**17** – Os Espíritos têm todas as percepções que tinham sobre a Terra, mas em um mais alto grau, porque suas faculdades não estão mais amortecidas pela matéria; eles têm sensações que nos são desconhecidas, vêem e ouvem coisas que nossos sentidos limitados não nos permitem nem ver, nem ouvir. Para eles não há obscuridade, salvo para aqueles cuja punição é de estarem temporariamente nas trevas. Todos os nossos pensamentos repercutem neles, que os leem como em um livro aberto; de sorte que aquilo que podemos ocultar a qualquer outra pessoa, não o podemos mais desde que ela é Espírito. (*O Livro dos Espíritos*, n° 237)

**18** – Os Espíritos estão por toda parte: entre nós, ao nosso lado, nos acotovelando e nos observando incessantemente. Pela sua presença permanente em nosso meio, os Espíritos são os agentes de diversos fenômenos, desempenhando um papel importante no mundo moral e, até um certo ponto, no mundo físico, constituindo, assim, uma das forças da Natureza.

**19** – Desde que se admita a sobrevivência da alma ou do Espírito, é racional admitir-se a sobrevivência das afeições; sem isso as almas de nossos parentes e de nossos amigos estariam perdidas para sempre, para nós.

Uma vez que os Espíritos podem ir por toda parte, é igualmente racional admitir-se que aqueles que nos amaram durante sua vida terrestre, nos amem ainda depois da morte, venham para perto de nós, desejem se comunicar conosco, servindo-se para isso dos meios que estão à sua disposição.

Isso é o que a experiência confirma.

A experiência prova, com efeito, que os Espíritos conservam as afeições sérias que tinham sobre a Terra, e se alegram em vir até aqueles que amaram, sobretudo quando são atraídos pelo pensamento e sentimentos afetuosos que se lhes dirige, enquanto que são indiferentes para aqueles que não lhes têm senão indiferença.

**20** – O Espiritismo tem por objetivo a constatação e o estudo da manifestação dos Espíritos, de suas faculdades, de sua situação feliz ou infeliz, e do seu futuro; em uma palavra, o conhecimento do mundo espiritual. Essas manifestações sendo confirmadas, têm por resultado a prova irrecusável da existência da alma, de sua sobrevivência ao corpo, de sua individualidade depois da morte, quer dizer, da vida futura. Por isso mesmo, é a negação das doutrinas materialistas, não mais pelo raciocínio, mas pelos fatos.

**21** – Uma ideia mais ou menos geral entre as pessoas que não conhecem o Espiritismo, é de crer que os Espíritos, só porque estão livres da matéria, devem saber tudo e possuir a soberana sabedoria. Há aí um erro grave.

Os Espíritos não sendo senão as almas dos homens, estes não adquiriram a perfeição, deixando seu envoltório terrestre. O progresso do Espírito não se realiza senão com o tempo, e não é senão sucessivamente que ele se despoja de suas imperfeições e adquire os conhecimentos que lhe faltam. Seria também ilógico admitir-se que o Espírito de um selvagem, ou de um criminoso, torne-se de repente sábio e virtuoso, como seria contrário à justiça de Deus pensar que ele ficaria perpetuamente em sua inferioridade.

Como há homens de todos os graus de saber e de ignorância, de bondade e de maldade, ocorre o mesmo com os Espíritos. Há os que não são senão espertos e ágeis, outros são mentirosos, trapaceiros, hipócritas, maus, vingativos; outros, ao contrário, possuem as mais sublimes virtudes e o saber em grau desconhecido sobre a Terra. Essa diversidade na qualidade dos Espíritos é um dos mais importantes pontos a considerar, porque ela explica a natureza boa ou má das comunicações que se recebem; é preciso, sobretudo, se interessar em distingui-las. (*O Livro dos Espíritos*, nº 100, *Escala Espírita*. – *O Livro dos Médiuns*, cap. XXIV).

## Comunicações com o mundo invisível

**22** – A existência, a sobrevivência e a individualidade da alma sendo admitidas, o Espiritismo se reduz a uma só questão principal: *as comunicações entre as almas e os vivos são possíveis?* Essa possibilidade é um resultado da experiência. O fato de o intercâmbio entre o mundo visível e o mundo invisível uma vez estabelecido, a natureza, a causa e o modo desses intercâmbios sendo conhecidos, é um novo campo aberto à observação e a chave de uma multidão de problemas; é, ao mesmo tempo, um poderoso elemento moralizador para acabar com a dúvida sobre o futuro.

**23** – O que lança no pensamento de muitas pessoas a dúvida sobre a possibilidade das comunicações de além-túmulo, é a ideia falsa que se faz do estado da alma depois da morte. Se a figura, geralmente, como um sopro, uma fumaça, alguma coisa vaga, apenas compreendida pelo pensamento, que se evapora e vai para não se sabe onde, mas tão longe que mal se compreende que ela possa voltar sobre a Terra. Se a considerarmos, ao contrário, na sua união com um corpo fluídico, semimaterial, com o qual ela forma um ser concreto e individual, seus intercâmbios com os vivos não têm nada de incompatível com a razão.

**24** – O mundo visível vivendo no meio do mundo invisível, com o qual está em contato perpétuo, disso resulta que eles reagem incessantemente um sobre o outro; que desde que há homens, há Espíritos, e que se estes últimos têm o poder de se manifestar, devem tê-lo feito em todas as épocas e entre todos os povos. Entretanto, nestes últimos tempos, as manifestações dos Espíritos tomaram grande desenvolvimento e adquiriram um maior caráter de autenticidade, porque estava nos objetivos da Providência colocar termo ao flagelo da incredulidade e do materialismo mediante provas evidentes, permitindo àqueles que deixaram a Terra virem atestar sua existência e nos revelar sua situação feliz ou infeliz.

**25** – Os intercâmbios entre o mundo visível e o mundo invisível podem ser ocultos ou patentes, espontâneos ou provocados.

Os Espíritos agem sobre os homens, de maneira oculta, pelos pensamentos que lhes sugerem e por certas influências; de um modo patente, por efeitos apreciáveis pelos sentidos.

As manifestações espontâneas ocorrem inopinadamente e de improviso; elas se produzem, frequentemente, nas pessoas desprovidas de ideias espíritas e que, por isso mesmo, não podendo compreendê-las, as atribuem a causas sobrenaturais. Aquelas que são provocadas ocorrem pela intervenção de certas pessoas dotadas, para esse efeito, de faculdades especiais e que se designam pelo nome de *médiuns*.

**26** – Os Espíritos podem se manifestar de muitas maneiras diferentes: pela visão, pela audição, pelo tato, pelos ruídos, o movimento dos corpos, a escrita, o desenho, a música, etc.

**27** – Os Espíritos se manifestam algumas vezes espontaneamente por ruídos e pancadas; é, frequentemente, para eles um meio de atestar sua presença e chamar a atenção sobre si, absolutamente como quando uma pessoa bate para advertir que há alguém. Há os que não se limitam a ruídos moderados, mas que vão até à produção de um barulho parecido com o da louça que se quebra, de portas que se abrem e se fecham, ou de móveis que se derrubam; alguns causam mesmo uma perturbação real e verdadeiros estragos.

(*Revista Espírita*, 1858: O Espírito batedor de Bergzabern, págs. 125, 153, 184 – *idem:* O Espírito batedor de Dibbelsdorf, pág. 219 – *idem* 1860: O padeiro de Dieppe, pág. 76 – *idem:* O fabricante de Saint Péters-burg, pág. 115 – *idem*: O farrapeiro da rua Noyers, pág. 236).

**28** – O perispírito, ainda que invisível para nós no estado normal, não é por isso menos matéria etérea. O Espírito pode, em certos casos, fazê-lo experimentar uma espécie de modificação molecular que o torna visível e mesmo tangível; é assim que se produzem as aparições. Esse fenômeno não é mais extraordinário que o do vapor, que é invisível quando está muito rarefeito e que se torna visível quando está condensado.

Os Espíritos que se tornam visíveis se apresentam, quase sempre, sob a aparência que tiveram em sua vida e que pode fazê-los reconhecer.

**29** – A visão permanente e geral dos Espíritos é muito rara, mas as aparições isoladas são bastante frequentes, sobretudo no momento da morte; o Espírito liberto parece apressar-se em rever seus parentes e amigos, como para os advertir que acaba de deixar a Terra e lhes dizer que vive sempre. Que cada um medite suas lembranças e se verá quantos fatos autênticos desse gênero, dos quais não se apercebeu, ocorreram não só à noite, durante o sono, mas em plena luz do dia, no estado de vigília mais completo. Outrora, consideravam-se esses fatos como sobrenaturais e maravilhosos, e se os atribuía à magia e à feitiçaria; hoje os incrédulos os atribuem à imaginação; mas, desde que a ciência espírita deles deu a chave, sabe-se como eles se produzem e que não saem da ordem dos fenômenos naturais.

**30** – Era com a ajuda do seu perispírito que o Espírito agia sobre seu corpo físico; é ainda com esse mesmo fluido que ele se manifesta agindo sobre a matéria inerte; que ele produz os ruídos, os movimentos de mesas e outros objetos, que ele eleva, derruba ou transporta. Esse fenômeno nada tem de surpreendente se se considerar que, entre nós, os mais possantes motores usam os fluidos, os mais rarefeitos e mesmo imponderáveis, como o ar, o vapor e a eletricidade.

Igualmente, é com a ajuda do seu perispírito que o Espírito faz o médium escrever, falar ou desenhar. Não tendo mais corpo tangível para agir ostensivamente, quando quer se manifestar, ele se serve do corpo do médium do qual empresta os órgãos, com os quais age como se fora com seu próprio corpo, e isso pelo eflúvio fluídico que derrama sobre ele.

**31** – No fenômeno designado sob o nome de *mesas moventes* ou *mesas falantes* é pelo mesmo meio que o Espírito age sobre a mesa, seja para fazer mover sem significação determinada, seja para dar pancadas inteligentes indicando as letras do alfabeto para formar palavras e frases, fenômeno designado sob o nome de *tiptologia*. A mesa, aqui, não é senão um instrumento do qual ele se serve, como o faz com o lápis para escrever; ele lhe dá uma vitalidade momentânea pelo fluido que a penetra, mas *não se identifica com ela*. As pessoas que, em sua emoção, vendo se manifestar um ser que lhes é caro, abraçam a mesa, fazem um ato ridículo, porque é absolutamente como se abraçassem um bastão do qual um amigo se serve para dar pancadas. Ocorre o mesmo com aqueles que dirigem a palavra à mesa, como se o Espírito estivesse encerrado na madeira, ou como se a madeira se tivesse tornado Espírito.

Quando as comunicações ocorrem por esse meio, é preciso representar o Espírito, não na mesa, mas ao seu lado, *tal como era vivo,* e tal como seria visto se, nesse momento, ele pudesse se tornar visível. A mesma coisa ocorre nas comunicações escritas; ver-se-ia o Espírito ao lado do médium, dirigindo sua mão, ou lhe transmitindo seu pensamento por uma corrente fluídica.

Quando a mesa se destaca do solo e flutua no espaço sem ponto de apoio, o Espírito não a ergue com o braço, mas a envolve e a penetra com uma espécie de atmosfera fluídica que neutraliza os efeitos da gravitação, como faz o ar nos balões e nos papagaios de papel. O fluido do qual ela está penetrada lhe dá, momentaneamente, uma leveza específica maior. Quando ela está colada ao chão, está em caso análogo ao da campânula pneumática sob a qual se faz o vácuo. Estas não são comparações senão para mostrar a analogia dos efeitos, mas não a semelhança absoluta das causas.

Quando a mesa persegue alguém, não é o Espírito que corre, porque ele pode ficar tranquilamente no mesmo lugar, mas que a impulsiona por uma corrente fluídica, com a ajuda da qual a faz mover-se à sua vontade. Quando as pancadas se fazem ouvir na mesa ou outro lugar, o Espírito não bate nem com a mão nem com um objeto qualquer; ele dirige sobre o ponto de onde parte o barulho, um jato de fluido que produz o efeito de um choque elétrico. Ele modifica o barulho, como se podem modificar os sons produzidos pelo ar.

Compreende-se, segundo isso, que não é mais difícil ao Espírito *erguer uma pessoa* do que erguer uma mesa, transportar um objeto de um lugar para outro ou de o lançar em qualquer parte; esses fenômenos se produzem em razão da mesma lei.

**32** – Pode-se ver, por essas poucas explicações, que as manifestações espíritas, de qualquer natureza que sejam, nada têm de sobrenatural ou de maravilhoso. São fenômenos que se produzem em virtude da lei que rege o intercâmbio do mundo visível com o mundo invisível, lei tão natural como a da eletricidade, da gravitação, etc. O Espiritismo é a ciência que nos faz conhecer essa lei, como a mecânica nos faz conhecer a lei do movimento, a ótica a da luz. As manifestações espíritas, estando na Natureza, produziram-se em todas as épocas; a lei que as rege, uma vez conhecida, nos explica uma série de problemas considerados insolúveis; é a chave de uma multidão de fenômenos explorados e ampliados pela superstição.

**33** – O maravilhoso, uma vez afastado, esses fenômenos nada mais têm que repugne à razão, porque eles vêm se colocar ao lado de outros fenômenos naturais. Nos tempos de ignorância, todos os efeitos dos quais não se conheciam as causas eram reputados como sobrenaturais. As descobertas científicas, sucessivamente, restringiram o círculo do maravilhoso; o conhecimento desta nova lei o reduziu a nada. Aqueles, pois, que acusam o Espiritismo de ressuscitar o maravilhoso provam, com isso, que falam de uma coisa que não conhecem.

**34** – As manifestações dos Espíritos são de duas naturezas: *os efeitos físicos e as manifestações inteligentes*. Os primeiros são os fenômenos materiais e ostensivos, tais como os movimentos, os ruídos, os transportes de objetos, etc.; as outras consistem na permuta regular de pensamentos com a ajuda de sinais, da palavra e, principalmente, da escrita.

**35** – As comunicações que se recebem dos Espíritos podem ser boas ou más, justas ou falsas, profundas ou superficiais, segundo a natureza dos Espíritos que se manifestem. Aqueles que provam sabedoria e saber são Espíritos que progrediram; aqueles que provam ignorância e más qualidades são Espíritos ainda atrasados, que progredirão com o tempo. Os Espíritos não podem responder senão sobre o que sabem, segundo seu adiantamento, e, além disso, sobre o que lhes é permitido dizer, porque há coisas que não devem revelar, visto que não é dado, ainda, ao homem tudo conhecer.

**36** – Da diversidade nas qualidades e aptidões dos Espíritos resulta que não basta se dirigir a um Espírito qualquer para ter uma resposta justa a toda questão, porque, sobre muitas coisas, ele não pode dar senão sua opinião pessoal, que pode ser justa ou falsa. Se ele é sábio, reconhecerá sua ignorância sobre o que não sabe; se é leviano ou mentiroso, responderá sobre tudo sem se preocupar com a verdade; se é orgulhoso, dará sua ideia como uma verdade absoluta. Foi por isso que São João Evangelista disse: *não creiais em todo Espírito, mas examinai se os Espíritos são de Deus.* A experiência prova a sabedoria desse conselho. Haveria, pois, imprudência e leviandade em aceitar sem controle tudo o que vem dos Espíritos. Por isso, é essencial conhecer a natureza daqueles com os quais se tem relação. (*O Livro dos Médiuns,* nº 267).

**37** – Reconhece-se a qualidade dos Espíritos pela sua linguagem; a dos Espíritos verdadeiramente bons e superiores é sempre digna, nobre, lógica, isenta de contradições; nela transparecem a sabedoria, a benevolência, a modéstia e a moral mais pura; ela é concisa e sem palavras inúteis. Nos Espíritos inferiores, ignorantes ou orgulhosos, o vazio das ideias é quase sempre compensado pela abundância de palavras. Todo pensamento evidentemente falso, toda máxima contrária à moral sadia, todo conselho ridículo, toda expressão grosseira, trivial ou simplesmente frívola, enfim toda marca de malevolência, presunção ou arrogância, são sinais incontestáveis de inferioridade num Espírito.

**38** – Os Espíritos inferiores são mais ou menos ignorantes; seu horizonte moral é limitado, sua perspicácia restrita. Eles não têm das coisas senão uma ideia frequentemente falsa e incompleta e estão, por outro lado, ainda sob a influência dos preconceitos terrestres que tomam, algumas vezes, por verdades; por isso, eles são incapazes de resolverem certas questões. Eles podem nos induzir ao erro, voluntária ou involuntariamente, sobre o que eles próprios não compreendem.

**39** – Os Espíritos inferiores não são, por isso, todos essencialmente maus; há os que não são senão ignorantes e levianos; há os gracejadores, os espirituosos, os divertidos e que sabem manejar o gracejo fino e mordaz. Ao lado disso, encontram-se no mundo dos Espíritos, como sobre a Terra, todos os gêneros de perversidades e todos os graus de superioridade intelectual e moral.

**40** – Os Espíritos superiores não se ocupam senão com manifestações inteligentes objetivando nossa instrução; as manifestações físicas ou puramente materiais, estão mais especialmente nas atribuições dos Espíritos inferiores, vulgarmente designados sob o nome de *Espíritos batedores,* como, entre nós, os torneios de força cabem aos saltimbancos e não aos sábios.

**41** – As comunicações com os Espíritos devem sempre ser feitas com calma e recolhimento; não se deve jamais perder de vista que os Espíritos são as almas dos homens e que seria inconveniente deles fazer um jogo e um objeto de divertimento. Se se deve respeito aos despojos mortais, deve-se muito mais ainda ao Espírito. As reuniões frívolas e levianas faltam, pois, a um dever, e aqueles que delas fazem parte deveriam meditar que, de um momento para o outro, podem entrar no mundo dos Espíritos, e não veriam com prazer que os tratassem com tão pouca deferência.

**42** – Um outro ponto igualmente essencial a considerar é que os Espíritos são livres; eles se comunicam quando querem, com quem lhes convém e também quando podem, porque têm suas ocupações. Eles não estão às ordens e ao capricho de quem quer que seja, e não é dado a ninguém fazê-los vir contra a sua vontade, nem dizerem o que querem calar; de sorte que ninguém pode afirmar que um Espírito qualquer virá ao seu chamado em um momento determinado, ou responderá a tal ou tal questão. Dizer o contrário é provar ignorância absoluta dos mais elementares princípios do Espiritismo; *só o charlatanismo tem fontes infalíveis.*

**43** – Os Espíritos são atraídos pela simpatia, semelhança de gostos e de caráter e pela intenção dos que desejam sua presença. Os Espíritos superiores não vão mais a uma reunião fútil do que um sábio da Terra não iria em uma reunião de jovens estouvados. O simples bom senso diz que não poderia ser de outra forma. Se eles vão, algumas vezes, é para dar um conselho salutar, combater os vícios, procurar conduzir ao bom caminho; se não são escutados, retiram-se. Seria ter uma ideia completamente falsa, crer-se que os Espíritos sérios pudessem se comprazer em responder a futilidades, a questões ociosas que não provam, ou atribuem, nem respeito por eles nem desejo real de instrução, e ainda menos que possam vir dar espetáculo para divertir curiosos. Se não o fizeram durante sua vida, não o podem fazer depois da sua morte.

**44** – A frivolidade das reuniões tem como resultado atrair os

Espíritos levianos que não procuram senão as ocasiões de enganar e mistificar. Pela mesma razão de que os homens graves e sérios não vão em assembleias inconsequentes, os Espíritos sérios não vão senão em reuniões sérias, cujo objetivo seja a instrução, e não a curiosidade; é nas reuniões desse gênero que os Espíritos superiores gostam de dar seus ensinamentos.

**45** – Do que precede, resulta que toda reunião espírita, para ser proveitosa, deve, como primeira condição, ser séria e reservada, que tudo deve aí se passar respeitosamente, religiosamente, e com dignidade, se se quer obter o concurso habitual dos bons Espíritos. É preciso não esquecer que se esses mesmos Espíritos nelas estivessem presentes em vida, ter-se-ia por eles a consideração a que têm ainda mais direito depois de sua morte.

**46** – Em vão alega-se a utilidade de certas experiências curiosas, frívolas e recreativas para convencer os incrédulos; chega-se a um resultado todo oposto. O incrédulo já levado a zombar das crenças mais sagradas, não pode ver uma coisa séria onde se faz brincadeira; ele não pode ser levado a respeitar o que não lhe é apresentado de uma maneira respeitável; por isso, das reuniões fúteis e levianas, daquelas nas quais não há nem ordem, nem gravidade e nem recolhimento, ele carrega sempre uma impressão má. O que pode, sobretudo, convencê-lo é a prova da presença de seres cuja memória lhe é cara; é diante de suas palavras, graves e solenes, diante das revelações íntimas, que ele se comove e empalidece. Mas porque tem mais respeito, veneração e consideração pela pessoa cuja alma se lhe apresenta, fica chocado, escandalizado, em vê-la vir em uma assembleia de pouco respeito, no meio de mesas que dançam e da pantomima de Espíritos levianos. Incrédulo que é, sua consciência repele essa aliança do sério e do frívolo, do religioso e do profano, e é por isso que taxa tudo isso de hipocrisia, e sai, frequentemente, menos convencido do que quando entrou.

As reuniões dessa natureza fazem sempre mais mal que bem, porque afastam da doutrina mais pessoas do que a ela conduzem, sem contar que se expõem à crítica dos detratores que nelas encontram motivos fundados de zombaria.

**47** – É erradamente que se faz um jogo das manifestações físicas; se elas não têm mais a importância do ensinamento filosófico, têm a sua utilidade, do ponto de vista do fenômeno, porque são o alfabeto da ciência, da qual deram a chave. Embora menos necessárias hoje, elas ajudam ainda a convencer certas pessoas. Elas, porém, não excluem de nenhum modo a ordem e a decência das reuniões onde se as experimenta; se fossem sempre praticadas de maneira conveniente, convenceriam mais facilmente e produziriam, sob todos os aspectos, melhores resultados.

**48** – Certas pessoas fazem uma ideia muito falsa das evocações; há os que creem que elas consistem em fazer voltar os mortos com a aparência lúgubre da sepultura. O pouco que dissemos a esse respeito deve dissipar esse erro. Não é senão nos romances, nos contos fantásticos de almas do outro mundo e no teatro que se veem os mortos descarnados saírem de suas sepulturas, vestidos ridiculamente de mortalha e fazendo chocalhar seus ossos. O Espiritismo, que jamais fez milagres, não fez mais este que outros, e jamais fez reviver um corpo morto; quando o corpo está na cova, aí está definitivamente. Mas o ser espiritual, fluídico, inteligente, não foi aí encerrado com seu envoltório grosseiro, do qual se separou no momento da morte, e uma vez operada a separação, nada tem em comum com ele.

**49** – A crítica malévola se inclina a representar as comunicações espíritas como cercadas de práticas ridículas e supersticiosas da magia e da necromancia. Se aqueles que falam do Espiritismo, sem o conhecer, se tivessem se dado ao trabalho de estudar aquilo de que querem falar, se poupariam de gastos da imaginação ou de alegações que não servem senão para provarem sua ignorância e sua má vontade. Para a edificação de pessoas estranhas à ciência espírita, nós diremos que não há, para se comunicar com os Espíritos, nem dias, nem horas, nem lugar mais propícios uns que os outros; que não é preciso para os evocar, nem fórmulas, nem palavras sacramentais ou cabalísticas; que não há necessidade de nenhuma preparação, de nenhuma iniciação; que o emprego de todo sinal ou objeto material, seja para os atrair, seja para os repelir, não tem efeito, e que o pensamento basta; enfim, que os médiuns recebem suas comunicações tão simplesmente e tão naturalmente, como se fossem ditadas por uma pessoa viva, sem saírem do estado normal. Só o charlatanismo poderia tomar maneiras excêntricas e adicionar acessórios ridículos.

A evocação dos Espíritos se faz em nome de Deus, com respeito e recolhimento; é a única coisa recomendada às pessoas sérias que querem ter intercâmbio como os Espíritos sérios.

# Fim providencial das manifestações espíritas

**50** – O fim providencial das manifestações é de convencer os incrédulos de que tudo não termina para o homem com a vida terrestre, e de dar aos crentes ideias mais justas sobre o futuro. Os bons Espíritos vêm nos instruir para nossa melhoria e nosso progresso, e não para nos revelar o que não devemos ainda saber, ou aquilo que não devemos aprender senão pelo nosso trabalho. Se bastasse interrogar os Espíritos para obter a solução de todas as dificuldades científicas, ou para fazer descobertas ou invenções lucrativas, todo ignorante poderia tornar-se sábio gratuitamente, e todo preguiçoso poderia se enriquecer sem trabalhar; é o que Deus não quer. Os Espíritos ajudam o homem de gênio pela inspiração oculta, mas não o isentam do trabalho e da pesquisa, a fim de deixar-lhe o mérito deles.

**51** – Seria ter uma ideia bem falsa dos Espíritos, ver neles apenas auxiliares de adivinhos; os Espíritos sérios recusam se ocupar de coisas fúteis. Os Espíritos levianos e zombeteiros se ocupam de tudo, respondem a tudo, predizem a tudo o que se quer, sem se importarem com a verdade, e sentem um prazer maligno em mistificarem para as pessoas muito crédulas; por isso, é essencial estar perfeitamente fixado sobre a natureza das questões que se podem dirigir aos Espíritos (*O Livro dos Médiuns*, nº 286: Questões que se podem dirigir aos Espíritos.)

**52** – Fora do que pode ajudar ao progresso moral, não há senão incerteza nas revelações que se podem obter dos Espíritos. A primeira consequência deplorável para aquele que desvia sua faculdade do seu fim providencial, é de ser mistificado pelos Espíritos enganadores, que pululam ao redor dos homens. A segunda é de cair sob o domínio desses mesmos espíritos que podem, por meio de conselhos pérfidos, conduzir a infelicidades reais e materiais sobre a Terra. A terceira é de perder, depois da vida terrestre, o fruto do conhecimento do Espiritismo.

**53** – As manifestações não estão, pois, destinadas a servir aos interesses materiais; sua utilidade está nas consequências morais que delas decorrem. Todavia, não tivessem elas por resultados senão fazer conhecer uma nova lei da Natureza, demonstrar materialmente a existência da alma e sua sobrevivência, isso já seria muito, porque seria um largo e novo caminho aberto à filosofia.

# Dos médiuns

**54** – Os médiuns apresentam uma numerosa variedade na suas aptidões, o que os torna mais ou menos propensos à obtenção de tal ou tal fenômeno, de tal ou tal gênero de comunicações. Segundo essas aptidões, distinguem-se os médiuns de *efeitos físicos, comunicações inteligentes, videntes, falantes, audientes, sensitivos, desenhistas, poliglotas, poetas, músicos, escreventes,* etc. Não se pode esperar de um médium o que está fora da sua faculdade. Sem o conhecimento das aptidões medianímicas o observador não pode se inteirar de certas dificuldades, ou de certas impossibilidades, que se encontram na prática. (*O Livro dos Médiuns,* cap. XVI, nº 185).

**55** – Os médiuns de efeitos físicos são mais particularmente aptos a provocar fenômenos materiais, tais como os movimentos, pancadas, etc., com a ajuda de mesas ou outros objetos. Quando esses fenômenos revelam um pensamento, ou obedecem a uma vontade, são efeitos inteligentes que, por isso mesmo, denotam uma causa inteligente, sendo para os Espíritos uma maneira de se manifestarem. Por meio de um número de pancadas convencionais, obtêm-se respostas, por *sim* ou por *não,* ou a designação das letras do alfabeto que servem para formar palavras ou frases. Esse meio primitivo é muito demorado e não se presta a grandes desenvolvimentos. As mesas falantes foram o início da ciência; hoje, que se possui meios de comunicação tão rápidos e tão completos como entre os vivos, dele se serve apenas acidentalmente e como experimentação.

**56** – De todos os meios de comunicação, a escrita é, ao mesmo tempo, a mais simples, a mais rápida, a mais cômoda, e aquela que permite maior desenvolvimento; é também a faculdade que se encontra mais frequentemente entre os médiuns.

**57** – Para se obter a escrita, serviu-se, no princípio, de intermediários materiais tais como cestas, pranchetas, etc., munidas de um lápis. (*O Livro dos Médiuns,* cap. XIII, nº 152 e seguintes). Mais tarde se reconheceu a inutilidade desses acessórios e a possibilidade, para os médiuns, de escrever diretamente com a mão, como nas circunstâncias ordinárias.

**58** – O médium escreve sob a influência dos Espíritos que dele se servem como de um instrumento; sua mão é exercitada por um movimento involuntário que, o mais frequentemente, ele não pode dominar. Certos médiuns não têm nenhuma consciência do que escrevem; outros disso têm uma consciência mais ou menos vaga, embora o pensamento lhes seja estranho; é isso que distingue os *médiuns mecânicos* dos *médiuns intuitivos* ou *semimecânicos*. A ciência espírita explica o modo de transmissão do pensamento do Espírito ao médium, e o papel deste último nas comunicações. (*O Livro dos Médiuns*, cap. XV, n° 179 e seguintes; cap. XIX, n° 223 e seguintes).

**59** – Os médiuns não possuem senão a faculdade de comunicar, mas a comunicação efetiva depende da vontade dos Espíritos. Se os Espíritos não querem se manifestar, o médium nada obtém, ficando como um instrumento sem músico.

Os Espíritos não se comunicam senão quando o querem, ou o podem, e não estão ao capricho de ninguém; *nenhum médium tem o poder de os fazer virem quando deseje e contra a sua vontade.*

Isso explica a intermitência da faculdade nos melhores médiuns, e as interrupções que suportam por vezes durante vários meses.

Seria, pois, erradamente, que se assemelharia a mediunidade a um *talento*. O talento se adquire pelo trabalho e aquele que o possui dele é sempre senhor; o médium não é jamais senhor da sua faculdade, uma vez que depende de uma vontade estranha.

**60** – Os médiuns de efeitos físicos que obtêm regularmente e à sua vontade a produção de certos fenômenos, admitindo que isso não seja por malabarismo, estão servindo a Espíritos de baixo estágio que se comprazem com essas espécies de exibições, e que talvez fizeram esse trabalho quando vivos. Mas seria absurdo pensar que Espíritos, embora pouco elevados, se divirtam exibindo-se. (Ver página 47).

**61** – A obscuridade necessária à produção de certos efeitos *físicos* presta-se, sem dúvida, à suspeição, mas não prova nada contra a realidade. Sabe-se que em química há combinações que não podem se operar sob a luz e que composições e decomposições ocorrem sob a ação do fluido luminoso. Ora, todos os fenômenos espíritas são o resultado da combinação de fluidos próprios do Espírito e do médium; esses fluidos, sendo da matéria, não há nada de surpreendente em que, em certos casos, o fluido luminoso seja contrário a essa combinação.

**62** – As comunicações inteligentes ocorrem, igualmente, pela ação fluídica do Espírito sobre o médium; é preciso que o fluido deste último se identifique com o do Espírito. A facilidade das comunicações depende do grau de *afinidade* que existe entre os dois fluidos. Cada médium está, assim, mais ou menos apto a receber a *impressão* ou *impulso* do pensamento de tal ou tal Espírito. Ele pode ser um bom instrumento para um e um mau instrumento para outro. Disso resulta que dois médiuns igualmente bem dotados, estando ao lado um do outro, um Espírito poderá se manifestar por um e não pelo outro.

**63** – É, pois, um erro crer-se que basta ser médium para receber com igual facilidade as comunicações de todo Espírito. Não existem mais médiuns universais para as evocações, do que aptidão para produzir todos os fenômenos. Os Espíritos procuram, de preferência, instrumentos que vibrem em uníssono com eles; impor-lhes o primeiro que aparece, seria como se se impusesse a um pianista tocar violino, pelo fato de, sabendo música, dever poder tocar todos os instrumentos.

**64** – Sem a harmonia, a única que pode conduzir à assimilação fluídica, as comunicações são impossíveis, incompletas ou falsas. Elas podem ser falsas porque, na falta do Espírito desejado, não faltam outros, prontos a aproveitarem a ocasião de se manifestarem, e que se importam muito pouco em dizerem a verdade.

**65** – A assimilação fluídica é, algumas vezes, inteiramente impossível entre certos Espíritos e certos médiuns. Outras vezes, e é o caso mais comum, ela não se estabelece senão gradualmente e com o tempo. É isso que explica porque os Espíritos que têm por hábito se manifestarem por um médium o fazem com mais facilidade, e porque as primeiras atestam, quase sempre, um certo constrangimento e são menos explícitas.

**66** – A assimilação fluídica é tão necessária nas comunicações pela *tiptologia,* como na escrita, já que, em um e outro caso, trata-se da transmissão do pensamento do Espírito, qualquer que seja o meio material empregado.

**67** – Não podendo impor um médium ao Espírito que se quer evocar, convém deixar-lhe a escolha de seu instrumento. Em todos os casos, é necessário que o médium se identifique previamente com o Espírito pelo recolhimento e pela prece, ao menos durante alguns minutos, e mesmo alguns dias antes, se for possível, de maneira a provocar e a ativar a assimilação fluídica. É o meio de atenuar a dificuldade.

**68** – Quando as condições fluídicas não são propícias à comunicação direta do Espírito para o médium, ela pode ser feita por intermédio do guia espiritual deste último; nesse caso o pensamento não chega senão de segunda mão, quer dizer, depois de ter atravessado dois meios. Compreende-se, então, quanto é importante que o médium seja bem assistido, porque se o é por um Espírito obsessor, ignorante ou orgulhoso, a comunicação será necessariamente alterada.

Aqui as qualidades pessoais do médium desempenham, forçosamente, um papel importante, pela natureza dos Espíritos que atrai para si. Os médiuns mais indignos podem ter poderosas faculdades, mas os mais seguros são aqueles que, a essa força, aliam as melhores simpatias no mundo espiritual. Ora, essas simpatias não são *de nenhum modo garantidas* pelos nomes mais ou menos imponentes dos Espíritos, ou que tomam os Espíritos que assinam as comunicações, mas pela natureza *constantemente boa* das comunicações que deles recebem.

**69** – Qualquer que seja o modo de comunicação, a prática do Espiritismo, do ponto de vista experimental, apresenta numerosas dificuldades, e não está isenta de inconvenientes para qualquer um a quem falta a experiência necessária. Que se experimente por si mesmo, ou que se seja simples observador, é essencial saber distinguir as diferentes naturezas de Espíritos que podem se manifestar, de conhecer a causa de todos os fenômenos, as condições nas quais eles podem se produzir, os obstáculos que podem a eles se opor, a fim de não pedir o impossível. Não é menos necessário conhecer todas as condições e todos os escolhos da mediunidade, a influência do meio, as disposições morais, etc. (*O Livro dos Médiuns,* 2ª parte).

# Escolhos dos médiuns

**70** – Um dos maiores escolhos da mediunidade é a *obsessão,* quer dizer, o domínio que certos Espíritos podem exercer sobre os médiuns, impondo-se a eles sob nomes apócrifos e impedindo-os de se comunicarem com outros Espíritos. É, ao mesmo tempo, um escolho para o observador novato e inexperiente que, não conhecendo os caracteres do fenômeno, pode ser enganado pelas aparências, como aquele que, não sabendo medicina, pode se iludir sobre a causa e a natureza de um mal. Se o estudo prévio, nesse caso, é útil para o observador, ele é indispensável para o médium no sentido que lhe fornece os meios de prevenir um inconveniente que poderia lhe ter consequências deploráveis; por isso não nos parece demasiado recomendar o estudo antes de se entregar à prática. (*O Livro dos Médiuns*, cap. XXIII).

**71** – A obsessão apresenta três graus principais bem caracterizados: a *obsessão simples, a fascinação* e a *subjugação*. No primeiro, o médium tem perfeita consciência de que não obtém nada de bom e não se ilude sobre a natureza do Espírito que se obstina em se manifestar por ele e do qual tem o desejo de se desembaraçar. Esse caso não oferece nenhuma gravidade: não é senão um simples desgosto, e o médium a ele cede por deixar momentaneamente de escrever. O Espírito, cansando-se de não ser escutado, acaba por se retirar.

A *fascinação obsessiva* é muito mais grave, no sentido de que o médium se ilude completamente. O Espírito que o domina ganha sua confiança ao ponto de paralisar seu próprio julgamento na análise das comunicações e lhe faz achar sublimes as coisas mais absurdas.

O caráter distintivo desse gênero de obsessão é de provocar nos médiuns uma excessiva suscetibilidade; de levá-lo a não achar bom, justo e verdadeiro senão o que ele escreve, a repelir e mesmo tomar pelo lado mau todo conselho e toda observação crítica; a romper com seus amigos antes de convir que está enganado; a ter inveja de outros médiuns, cujas comunicações são julgadas melhores que as suas; a querer se impor nas reuniões espíritas, das quais se afasta quando não pode aí dominar. Chega, enfim, a sofrer uma tal dominação, que o Espírito pode compeli-lo aos meios mais ridículos e os mais comprometedores.

**72** – Um dos caracteres distintivos dos maus Espíritos, é de se imporem; eles dão ordens e querem ser obedecidos. Os bons não se impõem jamais; eles dão conselhos e se não são escutados, se retiram. Disso resulta que a impressão dos maus Espíritos é quase sempre penosa, fatigante, e produz uma espécie de mal-estar; frequentemente ela provoca uma agitação febril, movimentos bruscos e irregulares. A impressão dos bons Espíritos, ao contrário, é calma, doce, e proporciona um verdadeiro bem-estar.

**73** – A *subjugação obsessiva,* designada outrora sob o nome de *possessão,* é um constrangimento físico sempre exercido por Espíritos da pior espécie e que pode ir até à neutralização do livre-arbítrio. Ela se limita, frequentemente, a simples impressões desagradáveis, mas provoca, algumas vezes, movimentos desordenados, atos insensatos, crises, palavras incoerentes ou injuriosas, as quais aquele que dela é objeto compreende por vezes todo o ridículo, mas da qual não pode se defender. Esse estado difere essencialmente da *loucura patológica,* com a qual se confunde erradamente, porque não há nenhuma lesão orgânica; a causa sendo diferente, os meios curativos devem ser outros. Aplicando-lhe o procedimento ordinário das duchas e dos tratamentos corporais, chega-se, muitas vezes, a determinar uma verdadeira loucura, aí onde não havia senão uma causa moral.

**74** – Na loucura propriamente dita, a causa do mal é interior; é preciso procurar restabelecer o organismo ao estado normal. Na *subjugação,* a causa do mal é exterior e é preciso desembaraçar o doente de um inimigo invisível opondo-lhe, não remédios, mas *uma força moral superior à sua.* A experiência prova que, em semelhante caso, os exorcismos não produziram jamais nenhum resultado satisfatório, e que antes agravaram do que melhoraram a situação. Só o Espiritismo, indicando a verdadeira causa do mal, pode dar os meios de combatê-lo. É preciso, de certa forma, educar moralmente o Espírito obsessor; por conselhos sabiamente dirigidos, chega-se a torná-lo melhor e a fazê-lo renunciar voluntariamente ao tormento do doente, e então este está livre (*O Livro dos Médiuns,* nº 279 – *Revista Espírita,* fevereiro, março e junho de 1864. *A jovem obsedada de Marmande*).

**75** – A subjugação obsessiva, o mais ordinariamente, é individual; mas, quando uma falange de Espíritos maus se abate sobre uma população, ela pode ter um caráter epidêmico. Foi um fenômeno desse gênero que ocorreu ao tempo do Cristo; só uma poderosa superioridade moral podia domar esses seres malfazejos, designados então sob o nome de *demônios,* e devolver a calma às suas vítimas. (1)

---

(1) Uma epidemia semelhante castigou por vários anos uma aldeia da Haute-Savoie. (Ver a *Revista Espírita,* abril e dezembro de 1862; janeiro, fevereiro, abril e maio de 1863: *Os possessos de Morzines.*)

**76** – Um fato importante a considerar é que a obsessão, qualquer que seja sua natureza, é independente da mediunidade, e é encontrada em todos os graus, principalmente a última, em uma multidão de indivíduos que jamais ouviram falar de Espiritismo. Com efeito, os Espíritos tendo existido de todos os tempos, deveram, de todos os tempos, exercer a mesma influência; a mediunidade não é uma causa, mas apenas um modo de manifestação dessa influência; de onde se pode dizer, com certeza, que todo médium obsedado deve suportar de uma maneira qualquer, e, frequentemente, nos mais vulgares atos da vida, os efeitos dessa influência; que sem a mediunidade ela se traduziria por outros efeitos, atribuídos muitas vezes a essas moléstias misteriosas que escapam a todas as investigações da medicina. Pela mediunidade, o ser malfazejo traiu sua presença; sem a mediunidade era um inimigo oculto do qual não se desconfiava.

**77** – Aqueles que não admitem nada fora da matéria, não podem admitir uma causa oculta; mas quando a ciência tiver saído da rotina materialista, ela reconhecerá na ação do mundo invisível que nos cerca e no meio do qual vivemos, uma força que reage sobre as coisas físicas, tanto quanto sobre as coisas morais. Esse será um novo caminho aberto ao progresso e a chave de uma multidão de fenômenos mal compreendidos.

**78** – Como a obsessão não pode jamais decorrer de um bom Espírito, um ponto essencial é o de saber reconhecer a natureza daqueles que se apresentam. O médium não esclarecido pode ser enganado pelas aparências; aquele que está prevenido espreita os menores sinais suspeitos, e o Espírito acaba por se retirar quando vê que nada tem a fazer. O conhecimento prévio dos meios de distinguir os bons dos maus Espíritos é, pois, indispensável ao médium que não quer se expor a ser preso na armadilha. Ele não é menos indispensável para o simples observador que pode, por esse meio, apreciar o valor daquilo que vê ou ouve. (*O Livro dos Médiuns*, cap. XXIV.)

## Qualidade dos médiuns

**79** – A faculdade medianímica prende-se ao organismo; ela é independente das qualidades morais do médium, e é encontrada nos mais indignos como nos mais dignos. Não ocorre o mesmo com a preferência dada ao médium pelos bons Espíritos.

**80** – Os bons Espíritos se comunicam mais ou menos voluntariamente por tal ou tal médium, segundo sua simpatia por seu próprio Espírito. O que constitui a qualidade de um médium não é a facilidade com a qual obtém as comunicações, mas sua aptidão de não receber senão as boas e não ser joguete de Espíritos levianos e enganadores.

**81** – Os médiuns que deixam muito a desejar, do ponto de vista moral, recebem algumas vezes muito boas comunicações, que não podem provir senão de bons Espíritos e das quais é errado se espantar; frequentemente, é no interesse do médium e para lhe dar sábios avisos. Se não as aproveita, ele não é senão mais culpado, porque escreve sua própria condenação. Deus, cuja bondade é infinita, não pode recusar assistência àqueles que dela têm mais necessidade. O virtuoso missionário que vai moralizar os criminosos, não faz outra coisa que aquilo que fazem os bons Espíritos com os médiuns imperfeitos.

Por outro lado, os bons Espíritos, querendo dar um ensinamento útil a todo mundo, se servem do instrumento que têm sob a mão; mas o deixam quando encontram um que lhes é mais simpático e que aproveita suas lições. Retirando-se os bons Espíritos, os Espíritos inferiores, pouco preocupados com as qualidades morais que os incomodam, têm então, o campo livre.

Disso resulta que os médiuns imperfeitos moralmente, e que não se emendam, cedo ou tarde, são a presa dos maus Espíritos que, frequentemente, os conduzem à ruína e às maiores infelicidades, mesmo neste mundo. Quanto à sua faculdade, bela que era e que teria ficado, se perverte primeiro pelo abandono dos bons Espíritos e acaba por se perder.

**82** – Os médiuns mais merecedores não estão ao abrigo das manifestações dos Espíritos enganadores; primeiro, porque não há ninguém bastante perfeito para não ter um lado fraco pelo qual possa dar acesso aos maus Espíritos; em segundo lugar, os bons Espíritos o permitem algumas vezes para exercitar o julgamento, aprender a discernir a verdade do erro e desconfiar, a fim de que não se aceite nada cegamente, sem controle. Mas a mentira não procede jamais de um bom Espírito, e todo nome respeitável que assina um erro, é necessariamente apócrifo.

Isso pode ainda ser uma prova para a paciência e a perseverança de todo espírita, médium ou não; aquele que se desencorajasse com algumas decepções, provaria aos bons Espíritos que não poderiam contar com ele.

**83** – Não é mais espantoso ver maus Espíritos obsediarem pessoas respeitáveis, do que não é surpreendente ver pessoas más se obstinarem sobre a Terra contra os homens de bem.

É notável que, depois da publicação de *O Livro dos Médiuns,* os médiuns obsediados são muito menos numerosos, porque, estando prevenidos, eles se mantêm em guarda e espreitam os menores sinais que podem trair a presença de um Espírito enganador. A maioria daqueles que são obsediados, ou não estudaram previamente ou não aproveitaram os conselhos.

**84** – O que constitui o médium, propriamente dito, é a faculdade; a esse respeito ele pode ser mais ou menos formado, mais ou menos desenvolvido. O que constitui o médium *seguro,* aquele que se pode verdadeiramente qualificar de *bom médium* é a aplicação da faculdade, a aptidão de servir de intérprete aos bons Espíritos. Toda a faculdade à parte, o poder do médium para atrair os bons Espíritos e repelir os maus, está em razão da sua superioridade moral; essa superioridade é proporcional à soma das qualidades que faz o homem de bem; com ela ele se concilia na simpatia dos bons e exerce ascendência sobre os maus.

**85** – Pela mesma razão, a soma das imperfeições morais do médium o aproximam da natureza dos maus Espíritos, lhe tira a influência necessária para os distanciar; *em lugar de ser ele quem se impõe àqueles, são aqueles que se impõem a ele.* Isto se aplica não só aos médiuns, mas a todas as pessoas, uma vez que não há nenhuma que não receba a influência dos Espíritos ( Ver nºs 74 e 75).

**86** – Para se imporem ao médium, os maus Espíritos sabem explorar habilmente todos os defeitos morais; aquele que lhes dá maior acesso é o *orgulho,* sentimento que domina no maior número de médiuns obsediados, sobretudo naqueles que são *fascinados.* É o orgulho que os leva a acreditarem na sua infalibilidade, e a repelir os avisos. Esse sentimento, infelizmente, é excitado pelos elogios do qual são objeto; quando eles têm uma faculdade um pouco transcendental, são procurados, adulados e, acabando por crer em sua importância, consideram-se indispensáveis, sendo isso o que os perde.

**87** – Enquanto o médium imperfeito se orgulha dos nomes ilustres, o mais frequentemente apócrifos, que levam as comunicações que ele recebe, e se considera intérprete privilegiado das forças celestes, o *bom médium* não se crê jamais bastante digno de tal favor, tendo sempre uma salutar desconfiança da qualidade daquilo que recebe, não se confiando ao seu próprio julgamento; não sendo senão um instrumento passivo, ele compreende que, se é bom, não pode disso fazer um mérito pessoal, não mais do que pode ser responsável se é mau, e que seria ridículo acreditar na identidade absoluta dos Espíritos que se manifestam por ele; deixa a questão ser julgada por terceiros desinteressados, sem que seu amor-próprio tenha mais a sofrer com um julgamento desfavorável do que o ator que não é passível da censura infligida à peça da qual é intérprete. Seu caráter distintivo é a simplicidade e a modéstia; é feliz com a faculdade que possui, não para dela se envaidecer, mas porque lhe oferece um meio de ser útil, o que faz voluntariamente quando lhe surge a ocasião, sem jamais melindrar-se se não é colocado em primeiro plano.

Os médiuns são os intermediários e os intérpretes dos Espíritos; cabe, pois, ao evocador, e mesmo ao simples observador, poder apreciar o mérito do instrumento.

**88 –** A faculdade medianímica é um dom de Deus, como todas as outras faculdades, que se pode empregar para o bem, como para o mal, e da qual se pode abusar. Ela tem por objeto nos colocar em comunicação direta com as almas daqueles que viveram, a fim de receber seus ensinamentos e nos iniciar na vida futura. Como a vista nos põe em comunicação com o mundo visível, a mediunidade nos coloca em comunicação com o mundo invisível. Aquele que dela se serve com um fim útil, para seu próprio adiantamento e o dos seus semelhantes, cumpre uma verdadeira missão, da qual terá a recompensa. Aquele que dela abusa e a emprega em coisas fúteis ou no objetivo do interesse material, a desvia do seu fim providencial, suportando disso, cedo ou tarde, as consequências, como aquele que faz um mau uso de uma faculdade qualquer.

## Charlatanismo

**89 –** Certas manifestações espíritas se prestam, bastante facilmente, à imitação; mas porque elas puderam ser exploradas, como tantos outros fenômenos, pelo malabarismo e pela prestidigitação, seria absurdo disso concluir que elas não existem. Para aquele que estudou e que conhece as condições normais nas quais elas podem se produzir, é fácil distinguir a imitação da realidade. A imitação, de resto, não poderia jamais ser completa e não pode enganar senão o ignorante, incapaz de apreender as nuances características do fenômeno verdadeiro.

**90** – As manifestações mais fáceis de serem imitadas são certos efeitos físicos e efeitos inteligentes vulgares, tais como os movimentos, as pancadas, os transportes, a escrita direta, as respostas banais, etc; o mesmo não ocorre com comunicações inteligentes de alta importância. Para imitar as primeiras, não é preciso senão a habilidade; para simular as outras, seria preciso, quase sempre, uma instrução pouco comum, uma superioridade intelectual fora do normal, e uma faculdade de improvisação, por assim dizer, universal.

**91** – Aqueles que não conhecem o Espiritismo são levados a suspeitarem da boa-fé dos médiuns; o estudo e a experiência lhes dão os meios de se assegurarem da realidade dos fatos. Fora disso, a melhor garantia que podem encontrar está no desinteresse absoluto e honorabilidade do médium; há pessoas que, pela sua posição e seu caráter, escapam a toda suspeição. Se a atração do ganho pode excitar a fraude, o bom senso diz que, onde não há nada a ganhar, o charlatanismo nada tem a fazer. (*O Livro dos Médiuns*, cap. XXIII, Charlatanismo e malabarismo, médiuns interesseiros, fraudes espíritas, nº 300 – *Revista Espírita,* 1862, pág. 52).

**92** – Entre os adeptos do Espiritismo, encontram-se os entusiastas e os exaltados, como em todas as coisas; esses são, em geral, os piores propagadores, porque se duvida da sua facilidade em tudo aceitar sem um exame aprofundado. O espírita esclarecido se defende do entusiasmo que cega, observando a tudo friamente e com calma; é o meio de não ser vítima nem de ilusões, nem de mistificadores. À parte toda questão de boa-fé, o observador novato deve, antes de tudo, inteirar-se da gravidade do caráter daqueles a quem se dirige.

## Identidade dos Espíritos

**93** – Uma vez que se encontram entre os Espíritos todos os defeitos da Humanidade, aí se encontram também a astúcia e a mentira; há os que não têm nenhum escrúpulo em se ornamentarem com nomes os mais respeitáveis para inspirarem mais confiança. É preciso, pois, abster-se de crer, de uma maneira absoluta, na autenticidade de todas as assinaturas.

**94** – A identidade é uma das grandes dificuldades do Espiritismo prático; frequentemente, ela é impossível de se constatar, sobretudo quando se trata de Espíritos superiores, antigos em relação a nós. Entre aqueles que se manifestam, muitos não têm nome para nós e, para fixar nossas ideias, eles podem tomar o de um Espírito conhecido pertencente à mesma categoria, de tal sorte que, se um Espírito se comunica com o nome de São Pedro, por exemplo, nada prova que ele seja precisamente o apóstolo desse nome; pode ser ele, como pode ser um Espírito da mesma ordem, enviado por ele.

A questão da identidade, nesse caso, é por todos os títulos secundária, e haveria puerilidade a isso ligar importância. O que importa é a natureza do ensinamento, se é bom ou mau, digno ou indigno do personagem do qual leva o nome. Este o aprovaria ou o condenaria? Aí está toda a questão.

**95 –** A identidade é mais fácil de se constatar quando se trata de Espíritos contemporâneos, dos quais se conhece o caráter e os hábitos, porque é por esses mesmos hábitos e particularidades da vida privada que a identidade se revela mais seguramente e, frequentemente, de uma maneira incontestável. Quando se evoca um parente ou um amigo, é a personalidade que interessa, e é muito natural procurar constatar-se a identidade; mas os meios que empregam, geralmente, para isso, aqueles que não conhecem senão imperfeitamente o Espiritismo, são insuficientes e podem induzir ao erro.

**96 –** O Espírito revela sua identidade por uma multidão de circunstâncias que ressaltam das comunicações, onde se refletem seus hábitos, seu caráter, sua linguagem e até suas locuções familiares. Ela se revela ainda pelos detalhes íntimos, nos quais ele entra *espontaneamente* com as pessoas às quais se afeiçoa, e que são os melhores. Mas é muito raro que ele satisfaça as questões diretas que lhe são dirigidas a esse respeito, sobretudo se elas são feitas por pessoas que lhe são indiferentes, com um objetivo de curiosidade e de prova. O Espírito prova sua identidade como quer, ou como pode, segundo o gênero de faculdade do seu intérprete, e, frequentemente, essas provas são superabundantes. O errado é querer que ele as dê à maneira do evocador; é quando ele se recusa a se submeter às suas exigências. (*O Livro dos Médiuns,* cap. XXIV: *Identidade dos Espíritos; Revista Espírita,* 1862, pág. 82: Fatos da identidade).

# Contradições

**97** – As contradições que se notam, com bastante frequência, na linguagem dos Espíritos, podem espantar apenas aqueles que não têm da ciência espírita senão um conhecimento incompleto. Elas são a consequência da própria natureza dos Espíritos que, quando falam, não sabem as coisas senão em razão de seu adiantamento, e das quais alguns podem saber menos que certos homens. Sobre uma multidão de pontos, eles não podem emitir senão sua opinião pessoal, que pode ser mais ou menos justa, e conservar o reflexo dos preconceitos terrestres dos quais não estão despojados. Outros fazem os próprios sistemas sobre o que não conhecem ainda, particularmente no que tange às questões científicas e à origem das coisas. Não há, pois, nada de surpreendente em que não estejam sempre de acordo.

**98** – Espanta-se em encontrar comunicações contraditórias assinadas com o mesmo nome. Só os Espíritos inferiores podem ter, segundo as circunstâncias, uma linguagem diferente, pois os Espíritos superiores jamais se contradizem. Quem esteja pouco iniciado nos mistérios do mundo espiritual, sabe com que facilidade certos Espíritos se adornam de nomes emprestados para darem mais crédito às suas palavras; pode-se disso concluir, com certeza, que se duas comunicações radicalmente contraditórias *quanto ao fundo do pensamento,* levam o mesmo nome respeitável, uma das duas é necessariamente apócrifa.

**99** – Dois meios podem servir para fixar as ideias sobre as questões duvidosas: o primeiro é submeter as comunicações ao controle severo da razão, do bom senso e da lógica. É uma recomendação que fazem todos os bons Espíritos, e que procuram não fazer os Espíritos enganadores que sabem muito bem não poder senão perder com um exame sério e, por isso, evitam a discussão e querem ser acreditados sob palavra.

O segundo critério da verdade está na concordância do ensinamento. Quando o mesmo princípio é ensinado sobre vários pontos, por diferentes Espíritos e médiuns estranhos uns aos outros, e que não estão sob a mesma influência, pode-se disso concluir que ele é mais verdadeiro que aquele que emana de uma só fonte e se encontra em contradição com a maioria (*O Livro dos Médiuns,* cap. XXVII: *As contradições e as mistificações – Revista Espírita,* abril, 1864, pág. 99: *Autoridade da Doutrina Espírita – A Moral do Evangelho Segundo o Espiritismo,* introdução, pág. VI).

# Consequências do Espiritismo

**100** – Em face da incerteza das revelações feitas pelos Espíritos, pergunta-se: para que pode servir o estudo do Espiritismo?

Ele serve para provar materialmente a existência do mundo espiritual. O mundo espiritual estando formado pelas almas daqueles que viveram, disso resulta a prova da existência da alma e da sua sobrevivência ao corpo.

As almas que se manifestam, revelam suas alegrias e seus sofrimentos segundo a maneira que empregaram a vida terrestre; disso resulta a prova das penas e das recompensas futuras.

As almas, ou Espíritos, descrevendo seu estado e sua situação, corrigem as ideias falsas que se fazia sobre a vida futura e, principalmente, sobre a natureza e a duração das penas.

A vida futura passando, assim, do estado de teoria vaga e incerta ao estado de fato consumado e positivo, disso resulta a necessidade de trabalhar, o mais possível, durante a vida presente, que é de curta duração, em proveito da vida futura, que é indefinida.

Suponhamos que um homem de vinte anos tenha a certeza de morrer aos vinte e cinco; que fará durante esses cinco anos? trabalhará para o futuro? seguramente não. Ele se esforçará em gozar o mais possível e consideraria um logro se impor fadiga e privações sem objetivo. Mas, se ele tivesse a certeza de viver até os oitenta anos, agiria de outro modo, porque compreenderia a necessidade de sacrificar alguns instantes do repouso presente para assegurar o repouso futuro durante muitos anos. Ocorre o mesmo com aquele para quem a vida futura é uma certeza.

A dúvida com relação à vida futura conduz, naturalmente, a tudo sacrificar aos gozos do presente; daí a importância excessiva atribuída aos bens materiais.

A importância atribuída aos bens materiais excita a cobiça, a inveja, o ciúme daquele que tem pouco contra aquele que tem muito. Da cobiça ao desejo de se obter a todo custo o que possui seu vizinho, há apenas um passo; daí os ódios, as disputas, os processos, as guerras e todos os males engendrados pelo egoísmo.

Com a dúvida sobre o futuro, o homem, oprimido nesta vida pelos desgostos e pelo infortúnio, não vê senão na morte o fim dos seus sofrimentos; nada mais esperando, ele acha racional abreviá-los pelo suicídio.

Sem esperança no futuro, é muito natural que o homem se afete, se desespere diante das decepções que experimenta. As agitações violentas que delas recebe produzem em seu cérebro um abalo, causa da maioria dos casos de loucura.

Sem a vida futura, a vida presente é para o homem a coisa capital, o único objeto de suas preocupações, e a ela tudo relaciona. Por isso, quer a qualquer preço gozar, não somente dos bens materiais, mas de honrarias; aspira a brilhar, a se elevar acima dos outros, a eclipsar seus vizinhos por seu fausto e sua posição; daí a ambição desenfreada e a importância que dá aos títulos e a todas as futilidades da vaidade, pelas quais ele sacrificaria até sua própria honra, porque não vê nada além.

A certeza da vida futura e suas consequências muda totalmente a ordem das ideias e faz ver as coisas sob nova luz; é um véu levantado que descobre um horizonte imenso e esplêndido. Diante do infinito e da grandiosidade da vida de além-túmulo, a vida terrestre se apaga, como um segundo diante dos séculos, como o grão de areia diante da montanha. Tudo aí torna-se pequeno, mesquinho, e espanta-se da importância que se deu a coisas tão efêmeras e tão pueris. Daí, nos acontecimentos da vida, uma calma, uma tranquilidade, que já é felicidade em comparação com as balbúrdias, os tormentos que nos impomos para nos elevarmos acima dos outros; daí também, para as vicissitudes e as decepções, uma indiferença mesmo que, tirando toda presa ao desespero, afasta os mais numerosos casos de loucura e desvia o pensamento do suicídio. Com a certeza do futuro o homem espera e se resigna; com a dúvida, ele perde a paciência, porque não espera nada do presente.

O exemplo daqueles que viveram, prova que a soma da felicidade futura está em razão do progresso moral alcançado e do bem que se fez sobre a Terra; que a soma da infelicidade está em razão da soma dos vícios e das más ações, resultando disso em todos aqueles que estão bem convencidos dessa verdade, uma tendência toda natural a fazer o bem e a evitar o mal.

Quando a maioria dos homens estiver imbuída dessa ideia, quando professar esses princípios e praticar o bem, disso resultará que o bem se imporá sobre o mal neste mundo; que os homens não procurarão mais se prejudicarem mutuamente; que eles regularão suas instituições sociais para o bem de todos, e não em proveito de alguns; em uma palavra, compreenderão que a lei da caridade ensinada pelo Cristo é a fonte da felicidade, mesmo neste mundo, e basearão suas leis civis sobre a lei da caridade.

A constatação do mundo espiritual que nos cerca, e de sua ação sobre o mundo corporal, é a revelação de uma das potências da Natureza e, por conseguinte, a chave de uma multidão de fenômenos incompreendidos, tanto na ordem física como na ordem moral.

Quando a Ciência tiver se inteirado desta nova força, desconhecida para ela até este dia, retificará uma multidão de erros provenientes do fato de atribuir tudo a uma causa única: a matéria. O reconhecimento desta nova causa nos fenômenos da Natureza, será uma alavanca para o progresso, e produzirá o efeito da descoberta de um agente todo novo.

Com a ajuda da lei espírita, o horizonte da Ciência se alargará, como se alargou com a ajuda da lei da gravitação.

Quando os sábios, do alto de sua cátedra, proclamarem a existência do mundo espiritual e sua ação nos fenômenos da vida, infiltrarão na juventude o contrapeso das ideias materialistas, ao invés de predispô-la à negação do futuro.

Nas lições de filosofia clássica, os professores ensinam a existência da alma e seus atributos segundo as diferentes escolas, mas sem provas materiais. Não é estranho que agora, que essas provas chegaram, elas sejam repelidas e tratadas de supersticiosas por esses mesmos professores? Não é dizer aos seus alunos: nós vos ensinamos a existência da alma, mas nada a prova? Quando um sábio emite uma hipótese sobre uma questão científica, ele procura com zelo, acolhe com alegria, os fatos que podem fazer dessa hipótese uma verdade; como um professor de filosofia, cujo dever é provar aos seus alunos que eles têm uma alma, trata com desdém os meios de lhes dar uma demonstração patente?

**101** – Suponhamos, pois, que os Espíritos sejam incapazes de nada nos ensinar que nós já não o saibamos, ou que não podemos saber por nós mesmos, vê-se que a só constatação da existência do mundo espiritual conduz, forçosamente, a uma revolução nas ideias. Ora, uma revolução nas ideias leva, forçosamente, a uma revolução na ordem das coisas, e é essa revolução que o Espiritismo prepara.

**102** – Mas os Espíritos fazem mais que isso; se suas revelações são cercadas de certas dificuldades e exigem minuciosas precauções para lhes constatar a exatidão, não e menos verdadeiro que os Espíritos esclarecidos, quando se sabe interrogá-los, e quando isso lhes é permitido, podem nos revelar fatos ignorados, nos dar explicações de coisas incompreendidas, e nos colocar sobre a senda de um progresso mais rápido. É nisso, sobretudo, que o estudo completo e atento da ciência espírita é indispensável, a fim de não lhe pedir o que ela não pode dar; é ultrapassando os limites que se expõe a ser enganado.

**103** – As menores causas podem produzir os maiores efeitos; é assim que, de um pequeno grão pode sair uma árvore imensa; que a queda de uma maçã fez descobrir a lei que rege os mundos; que as rãs saltando num prato revelaram a força galvânica; foi também assim, que do vulgar fenômeno das mesas girantes saiu a prova do mundo invisível, e dessa prova uma doutrina que, em alguns anos, deu a volta ao mundo, e pode regenerá-lo pela só constatação da realidade da vida futura.

**104** – O Espiritismo ensina pouco quanto a verdades absolutamente novas, em virtude do axioma de que nada há de novo sob o Sol. Não há verdades absolutas senão aquelas que são eternas; as que o Espiritismo ensina, estando fundadas sobre as leis da Natureza, existiram de todos os tempos; por isso delas se encontram os germes que um estudo mais completo e observações mais atentas têm desenvolvido. As verdades ensinadas pelo Espiritismo são, pois, antes consequências que descobertas.

O Espiritismo não descobriu nem inventou os Espíritos, nem descobriu o mundo espiritual, no qual se acreditou em todos os tempos; somente ele o prova por fatos materiais e o mostra sob sua verdadeira luz, livrando-o dos preconceitos e das ideias supersticiosas que engendram a dúvida e a incredulidade.

Nota: Estas explicações, embora incompletas, bastam para mostrar a base sobre a qual repousa o Espiritismo, o caráter das manifestações e o grau de confiança que elas podem inspirar segundo as circunstâncias.

# CAPÍTULO 3

# Solução de alguns problemas pela Doutrina Espírita

*Pluralidade dos mundos – Da alma –*
*O Homem durante a vida terrestre –*
*O Homem depois da morte*

## Pluralidade dos Mundos

**105 – Os diferentes mundos que circulam no espaço são povoados de habitantes como a Terra?**

*Todos os Espíritos o afirmam, e a razão diz que deve ser assim. A Terra, não ocupando no Universo nenhuma classe especial, nem pela sua posição, nem pelo seu volume, nada poderia justificar o privilégio exclusivo de ser habitada. Por outro lado, Deus não pode ter criado esses bilhões de globos só para o prazer dos nossos olhos; tanto menos que o maior número escapa à nossa vista. (O Livro dos Espíritos, n° 55. – Revista Espírita, 1858, pág. 65: Pluralidade dos mundos, por Flammarion).*

**106 – Se os mundos são povoados, podem sê-lo de habitantes em tudo semelhantes aos da Terra? Em uma palavra, esses habitantes poderiam viver entre nós e nós entre eles?**

*A forma geral poderia ser mais ou menos a mesma, mas o organismo deve estar adaptado ao meio no qual deve viver, como os peixes estão feitos para viverem na água e os pássaros no ar. Se o meio é diferente, como tudo leva a crer, e como parecem demonstrá-lo as observações astronômicas, o organismo deve ser diferente; não é, pois, provável que, em*

*seu estado normal, eles possam viver uns entre os outros com os mesmos
corpos. É o que confirmam todos os Espíritos.*

**107 – Admitindo-se que esses mundos estejam povoados, eles estão, no aspecto intelectual e moral, na mesma posição da Terra?**

*Segundo o ensinamento dos Espíritos, os mundos estão em graus
de adiantamento muito diferentes; alguns estão nas mesmas condições
que a Terra; outros estão mais atrasados: os homens aí estão mais embrutecidos, mais materiais e mais inclinados ao mal. Há, ao contrário,
os que são mais avançados moral, intelectual e fisicamente, onde o mal
moral é desconhecido, onde as artes e as ciências alcançam um grau
de perfeição que não podemos compreender, onde a organização física,
menos material, não está sujeita nem aos sofrimentos, nem às doenças,
nem às enfermidades; os homens aí vivem em paz, sem procurar se prejudicarem, isentos de desgostos, de inquietações, aflições e necessidades
que os assediam sobre a Terra. Há, enfim, os mais avançados ainda,
onde o envoltório corporal, quase fluídico, se aproxima cada vez mais
da natureza dos anjos. Na série progressiva dos mundos, a Terra não
está nem na primeira nem na última categoria, mas é ela um dos mais
materiais e dos mais atrasados. (Revista Espírita, 1858, págs. 67, 108
e 223 – Idem, 1860, págs. 318 e 320 – A Moral Evangélica Segundo o
Espiritismo, cap. III).*

## Da alma

### 108 – Onde é a sede da alma?

A alma não está, assim como se acredita geralmente, localizada
em uma parte do corpo; ela forma com o perispírito um todo fluídico,
penetrável, se assimilando ao corpo inteiro, com o qual ela constitui um
ser complexo, do qual a morte não é, de alguma sorte, senão um desdobramento. Podem-se figurar dois corpos semelhantes, penetrados um pelo
outro, confundidos durante a vida e separados depois da morte. Na morte,
um é destruído e o outro permanece.

Durante a vida, a alma age mais especialmente sobre os órgãos do
pensamento e do sentimento. Ela é, ao mesmo tempo, interna e externa,
quer dizer, ela irradia externamente; pode mesmo se afastar do corpo, se

*transportar para longe e aí manifestar sua presença, como provam a observação e os fenômenos do sonambulismo.*

**109 – A alma é criada ao mesmo tempo que o corpo ou anteriormente a ele?**

*Depois da existência da alma, esta questão é uma das mais capitais, porque da sua solução decorrem as mais importantes consequências; ela é a única chave possível de uma multidão de problemas insolúveis até hoje, por falta de a ter definido.*

*De duas coisas uma: ou a alma existe ou não existe antes da formação do corpo, sem que possa haver para isso um meio-termo. Com a preexistência da alma tudo se explica lógica e naturalmente; sem a preexistência, é mesmo impossível justificar certos dogmas da Igreja, e é essa impossibilidade de justificação que conduz tantas pessoas que raciocinam à incredulidade.*

*Os Espíritos resolveram a questão afirmativamente, e os fatos, tanto quanto a lógica, não podem deixar dúvida a esse respeito. Que não se admita, entretanto, a preexistência da alma senão a título de simples hipótese, se se quer, e se verá aplainar a maioria das dificuldades.*

**110 – Se a alma é anterior, antes da sua união com o corpo tinha sua individualidade e a consciência de si mesma?**

*Sem individualidade e sem consciência de si mesma, os resultados seriam os mesmos como se ela não existisse.*

**111 – Antes de sua união com o corpo a alma cumpriu um progresso qualquer, ou estava estacionária?**

*O progresso anterior da alma é, ao mesmo tempo, a consequência da observação dos fatos e do ensinamento dos Espíritos.*

**112 – Deus criou as almas iguais, moral e intelectualmente, ou as fez mais perfeitas, mais inteligentes, umas que as outras?**

*Se Deus tivesse feito almas mais perfeitas, umas que as outras, essa preferência não seria conciliável com a sua justiça. Sendo todas suas criaturas, por que isentaria umas do trabalho, que impõe às outras, para alcançarem a felicidade eterna? A desigualdade das almas, quanto à sua origem, seria a negação da justiça de Deus.*

**113 – Se as almas são criadas iguais, como explicar a diversidade de aptidões e de predisposições naturais que existem entre os homens sobre a Terra?**

*Essa diversidade é a consequência do progresso que a alma realizou antes da sua união com o corpo. As almas mais avançadas, em inteligência e em moralidade, são aquelas que viveram mais e progrediram mais antes da sua encarnação.*

**114 – Qual é o estado da alma em sua origem?**

*As almas são criadas simples e ignorantes, quer dizer, sem ciência e sem conhecimento do bem e do mal, mas com uma igual aptidão para tudo. No princípio, elas estão em uma espécie de infância, sem vontade própria, e sem consciência perfeita da sua existência. Pouco a pouco, o livre-arbítrio se desenvolve ao mesmo tempo que as ideias. (O Livro dos Espíritos, nº 114 e seguintes).*

**115 – A alma realizou seu progresso anterior no estado da alma propriamente dito, ou em uma precedente existência corporal?**

*Além do ensinamento dos Espíritos sobre esse ponto, o estudo dos diferentes graus de adiantamento do homem sobre a Terra prova que o progresso anterior da alma deve ter se realizado em uma série de existências corporais mais ou menos numerosas, segundo o grau que alcançou; a prova resulta da observação dos fatos que temos diariamente sob os olhos. (O Livro dos Espíritos, nºs 166 a 222 – Revista Espírita, abril 1862, pags. 97 – 106).*

# O Homem durante a vida terrestre

**116 – Como e em que momento se opera a união da alma e do corpo?**

*Desde a concepção, o Espírito, ainda que errante, liga-se por um laço fluídico ao corpo que deve se unir. Esse laço se estreita cada vez mais, à medida que o corpo se desenvolve. Desde esse momento, o Espírito é tomado de uma perturbação que vai crescendo sem cessar; na proximidade do nascimento a perturbação é completa, o Espírito perde a consciência de si mesmo e não recobra suas ideias senão gradualmente, a partir do* momento em que a criança respira; é então que a união está completa e definitiva.

**117 – Qual é o estado intelectual da alma da criança no momento do seu nascimento?**

*Seu estado intelectual e moral é o que tinha antes da sua união com o corpo, quer dizer, a alma possui todas as ideias adquiridas anteriormente, mas em razão da perturbação que acompanha a sua mudança, suas ideias estão momentaneamente em estado latente. Elas se aclaram pouco a pouco, mas não podem se manifestar senão proporcionalmente ao desenvolvimento dos órgãos.*

**118 – Qual é a origem das ideias inatas, das disposições precoces, das aptidões instintivas para uma arte ou uma ciência, abstração feita de toda instrução?**

*As ideias inatas não podem ter senão duas fontes: a criação de almas umas mais perfeitas que as outras, no caso em que elas seriam criadas ao mesmo tempo que o corpo, ou o progresso anterior realizado antes da união da alma e do corpo. A primeira hipótese, sendo incompatível com a justiça de Deus, não resta senão a segunda. As ideias inatas são o resultado dos conhecimentos adquiridos nas existências anteriores e que permaneceram em estado de intuição, para servirem de base à aquisição de novas ideias.*

**119 – Como os gênios se revelam nas classes sociais privadas de toda cultura intelectual?**

*Esse fato prova que as ideias inatas são independentes do meio em que o homem é educado. O meio e a educação desenvolvem as ideias inatas, mas não as dão. O homem de gênio é a encarnação de um Espírito já avançado, e que progrediu muito; por isso, a educação pode dar a instrução que falta, mas não pode dar o gênio quando ele não existe.*

**120 – Por que há crianças instintivamente boas em um meio perverso, e malgrado os maus exemplos, enquanto que outras são instintivamente viciosas em um meio bom, e malgrado os bons conselhos?**

*É o resultado do progresso moral realizado, como as ideias inatas são o resultado do progresso intelectual.*

**121 – Por que de duas crianças do mesmo pai, educadas nas mes-**

mas condições, uma é inteligente e a outra estúpida, uma boa e outra má? Por que o filho de um homem de gênio é, algumas vezes, um tolo, e o de um tolo, um homem de gênio?

*Esse fato vem em apoio da origem das ideias inatas; ele prova, por outro lado, que a alma da criança não procede, de nenhum modo, da dos pais; de outra forma, em virtude do axioma de que a parte é da mesma natureza do todo, os pais transmitiriam aos seus filhos suas qualidades e seus defeitos, como lhes transmitem o princípio das qualidades corporais. Na geração, só o corpo procede do corpo, mas as almas são independentes umas das outras.*

**122 – Se as almas são independentes umas das outras, de onde procede o amor dos pais por seus filhos e reciprocamente?**

*Os Espíritos se unem pela simpatia, e o nascimento em tal ou tal família não decorre do acaso, mas depende, o mais frequentemente, da escolha do Espírito que se reúne àqueles que amou no mundo dos Espíritos ou em existências anteriores. Por outro lado, os pais têm por missão ajudar o progresso dos Espíritos que encarnam em seus filhos; e, para estimulá-los, Deus lhes inspira uma afeição mútua, mas muitos falham em sua missão e, por isso, são punidos. (O Livro dos Espíritos, nº 379, da Infância).*

**123 – Por que há maus pais e maus filhos?**

*São Espíritos que não estão unidos a uma família por simpatia, mas para se provarem mutuamente e, frequentemente, por punição do que foram em uma existência precedente; a um é dado um mau filho porque ele mesmo, talvez foi um mau filho; a outro, um mau pai, porque terá sido mau pai, a fim de que suportem a pena de talião. (Revista Espírita, 1861, pág. 270: a pena de talião).*

**124 – Por que se encontram em certas pessoas, nascidas em uma condição servil, instintos de dignidade e de grandeza, enquanto que outras nascidas nas classes superiores, têm instintos inferiores?**

*É uma lembrança intuitiva da posição social que ocuparam e do caráter que tinham na existência precedente.*

**125 – Qual é a causa das simpatias e das antipatias entre pessoas que se veem pela primeira vez?**

*São pessoas, o mais frequentemente, que se conheceram, e algumas vezes se amaram, numa existência precedente, e que, se reencontrando, são atraídas uma para outra.*

*As antipatias instintivas provêm também frequentemente, de relações anteriores.*

*Esses dois sentimentos podem ainda ter uma outra causa. O perispírito irradia ao redor do corpo uma espécie de atmosfera impregnada das qualidades boas ou más do Espírito encarnado. Duas pessoas que se encontram, pelo contato dos fluidos, experimentam a impressão da sensitiva; essa impressão é agradável ou desagradável e os fluidos tendem a se confundirem, ou a se repelirem, segundo sua natureza semelhante ou dessemelhante.*

*É assim que se pode explicar o fenômeno da transmissão do pensamento. Pelo contato dos fluidos, duas almas se compreendem de alguma maneira uma à outra; elas se adivinham e se compreendem sem se falarem.*

**126 – Por que o homem não tem lembrança de suas existências anteriores? Essa lembrança não seria necessária para o seu progresso futuro?**

*(Ver pág. 61).*

**127 – Qual é a origem do sentimento chamado de consciência?**

*É uma lembrança intuitiva do progresso realizado nas precedentes existências, e de resoluções tomadas pelo Espírito antes da encarnação, resoluções que ele não tem sempre força de tomar como homem.*

**128 – O homem tem seu livre-arbítrio ou está submetido à fatalidade?**

*Se a conduta do homem estivesse submetida à fatalidade, ele não teria nem responsabilidade do mal, nem mérito do bem; desde então toda punição seria injusta e toda recompensa sem sentido. O livre-arbítrio do homem é uma consequência da justiça de Deus, é o atributo que lhe dá sua dignidade e o eleva acima de todas as outras criaturas. Isso é tão verdadeiro que a estima dos homens, uns pelos outros, está em razão do livre-arbítrio; aquele que o perde acidentalmente, por doença, loucura, embriaguez ou idiotia, é lamentado ou desprezado.*

*O materialismo, que faz depender do organismo todas as faculda-*

des morais e intelectuais, reduz o homem ao estado de máquina, sem livre-
-arbítrio, por consequência, sem responsabilidade do mal e sem o mérito
do bem que ele faz. (Revista Espírita, 1861, pág. 76: A cabeça de Garibaldi
– Idem, 1862, pág. 97: Frenologia espiritualista).

### 129 – Deus criou o mal?

Deus não criou o mal, mas estabeleceu leis e essas leis são sempre
boas, porque Ele é soberanamente bom; aquele que as observasse fielmente,
seria perfeitamente feliz; mas os Espíritos, tendo seu livre-arbítrio, não as
observaram sempre, e o mal resultou-lhes pelas suas infrações a essas leis.

### 130 – O homem nasce bom ou mal?

É preciso distinguir a alma e o homem. A alma é criada simples e
ignorante, quer dizer, nem boa nem má, mas suscetível, em virtude do seu
livre-arbítrio, de tomar o caminho do bem ou o do mal, ou melhor dizendo,
de observar ou infringir as leis de Deus. O homem nasce bom ou mau conforme seja a encarnação de um Espírito adiantado ou atrasado.

### 131 – Qual a origem do bem e do mal sobre a Terra, e por que há mais mal do que bem?

A origem do mal sobre a Terra resulta da imperfeição dos Espíritos
que aí estão encarnados. A predominância do mal decorre de que, sendo a
Terra um mundo inferior, a maioria dos Espíritos que a habitam são, eles
mesmos, inferiores, ou progrediram pouco. Nos mundos mais avançados,
onde não são admitidos a se encarnarem senão Espíritos depurados, o mal
é desconhecido, ou em minoria.

### 132 – Qual é a causa dos males que afligem a Humanidade?

A Terra pode ser considerada, ao mesmo tempo, como um mundo de
educação para os Espíritos pouco avançados, e de expiação para os Espíritos culpados. Os males da Humanidade são a consequência da inferioridade moral da maioria dos Espíritos encarnados. Pelo contato dos seus
vícios, eles se tornam reciprocamente infelizes e se punem uns aos outros.

### 133 – Por que o mau frequentemente prospera, enquanto que o homem de bem é alvo de todas as aflições?

Para aquele que não vê senão a vida presente, e que a crê única,
isso deve parecer uma soberana injustiça. Não ocorre o mesmo quando se
considera a pluralidade das existências, e a brevidade de cada uma com
relação à eternidade. O estudo do Espiritismo prova que a prosperidade

*do mau tem terríveis consequências nas existências seguintes; que as afli-*
*ções do homem de bem são, ao contrário, seguidas de uma felicidade tanto*
*maior e durável quanto ele as suportou com mais resignação; é para ele*
*como um dia infeliz em toda uma existência de prosperidade.*

**134 – Por que uns nascem na indigência e outros na opulência?**
**Por que há pessoas que nascem cegas, surdas, mudas ou atacadas de**
**enfermidades incuráveis, enquanto que outras têm todas as vantagens**
**físicas? É isso efeito do acaso ou da Providência?**

*Se é efeito do acaso, não o é da Providência; se é efeito da Provi-*
*dência, pergunta-se onde está sua bondade e sua justiça? Ora, é por não*
*compreenderem a causa desses males, que muitas pessoas são levadas a*
*acusá-la. Compreende-se que aquele que se torna miserável ou enfermo*
*por suas imprudências ou seus excessos, seja punido pelo que pecou; mas*
*se a alma é criada ao mesmo tempo que o corpo, que fez ela para merecer*
*semelhantes aflições, desde o seu nascimento, ou para delas estar isenta?*
*Se se admite a justiça de Deus, deve-se admitir que esse efeito tem uma*
*causa; se essa causa não está nesta vida, deve ser de antes dela, porque*
*em todas as coisas, a causa deve preceder o efeito; por isso, é preciso, pois,*
*que a alma tenha vivido e que tenha merecido uma expiação. Os estudos*
*espíritas nos mostram, com efeito, que mais de um homem que nasceu na*
*miséria, foi rico e considerado em uma existência anterior, mas, fez mau*
*uso da fortuna que Deus lhe deu para gerir; que mais de um indivíduo,*
*que nasceu na vileza, foi orgulhoso e poderoso; nô-lo mostram, às vezes*
*submetido às ordens daquele mesmo ao qual comandou com dureza, sob*
*os maus tratos e a humilhação que fez os outros suportarem.*

*Uma vida penosa não é sempre uma expiação; frequentemente, é*
*uma prova escolhida pelo Espírito, que vê um meio de se adiantar mais*
*rapidamente, se a suporta com coragem. A riqueza é também uma prova,*
*porém, mais perigosa que a da miséria, pelas tentações que dá e os abusos*
*que provoca; o exemplo daqueles que a viveram também prova que é uma*
*daquelas em que, frequentemente, saem menos vitoriosos.*

*A diferença de posições sociais seria a maior das injustiças, quando*
*não resulta da conduta atual, se ela não devesse ter uma compensação. É*
*a convicção que se adquire desta verdade pelo Espiritismo, que dá a força*
*para suportar as vicissitudes da vida e aceitar a sorte sem invejar a dos*
*outros.*

### 135 – Por que há idiotas e cretinos?

A posição dos idiotas e dos cretinos seria a menos conciliável com a justiça de Deus, na hipótese da unicidade da existência. Por miserável que seja a condição na qual um homem nasceu, ele pode dela sair pela inteligência e pelo trabalho; mas o idiota e o cretino são votados, desde o nascimento até à morte, ao embrutecimento e ao desprezo; não há para eles nenhuma compensação possível. Por que, pois, sua alma teria sido criada idiota?

Os estudos espíritas, feitos sobre os cretinos e os idiotas, provam que sua alma é tão inteligente quanto a dos outros homens; que essa enfermidade é uma expiação infligida aos Espíritos por terem abusado da sua inteligência, e que sofrem cruelmente em se sentirem aprisionados nos laços que não podem quebrar, e no desprezo do qual se veem objeto, quando, talvez, tenham sido incensados na sua existência precedente. (Revista Espírita, 1860, pág. 173: O Espírito de um idiota – Idem, 1861, pág. 311: Os cretinos).

### 136 – Qual é o estado da alma durante o sono?

Durante o sono só o corpo repousa, mas o Espírito não dorme. As observações práticas provam que, nesse instante, o Espírito goza de toda a sua liberdade e da plenitude das suas faculdades. Ele aproveita o repouso do corpo e os momentos em que sua presença nele não é necessária, para agir livremente e ir aonde quer. Durante a vida, a qualquer distância que se transporte, o Espírito está sempre ligado ao corpo por um laço fluídico, que serve para chamá-lo, desde que sua presença seja necessária; esse laço não se rompe senão na morte.

### 137 – Qual é a causa dos sonhos?

Os sonhos são o resultado da liberdade do Espírito durante o sono; algumas vezes, é a lembrança de lugares e de pessoas que o Espírito viu ou visitou nesse estado. (O Livro dos Espíritos: Emancipação da alma, sono, sonhos, sonambulismo, segunda vista, letargia, etc., nº 400 e seguinte – O Livro dos Médiuns: Evocação de pessoas vivas, nº 284 – Revista Espírita, 1860, pág. 11: O Espírito de um lado e o corpo do outro – idem 1860, pág. 81: Estudo sobre o Espírito das pessoas vivas).

### 138 – De onde vêm os pressentimentos?

São lembranças vagas e intuitivas do que o Espírito aprendeu nesses momentos de liberdade e, algumas vezes, advertências ocultas dadas pelos Espíritos benevolentes.

**139 – Por que há, sobre a Terra, selvagens e homens civilizados?**

Sem a preexistência da alma, esta questão é insolúvel, a menos que se admita que Deus criou almas selvagens e almas civilizadas, o que seria a negação da sua justiça. Por outro lado, a razão recusa admitir que, depois da morte, a alma do selvagem permaneça perpetuamente num estado de inferioridade, nem que ela esteja na mesma posição da do homem esclarecido.

Admitindo-se, para as almas, um mesmo ponto de partida, única doutrina compatível com a justiça de Deus, a presença simultânea da selvageria e da civilização sobre a Terra é um fato material, que prova o progresso que uns cumpriram e os outros podem realizar. A alma do selvagem alcançará, pois, com o tempo, o grau de alma civilizada; mas, como todos os dias morrem selvagens, sua alma não pode alcançar esse grau senão nas encarnações sucessivas, cada vez mais aperfeiçoadas e apropriadas ao seu adiantamento, passando por todos os graus intermediários entre os dois pontos extremos.

**140 – Não se poderia admitir, segundo a ideia de algumas pessoas, que a alma não se encarna senão uma vez, e que ela cumpre seu progresso no estado de Espírito, ou em outras esferas?**

Essa proposição seria admissível se não houvesse sobre a Terra senão homens do mesmo grau moral e intelectual, caso em que se poderia dizer que a Terra está afetada a um grau determinado; ora, tem-se, diante de si, a prova contrária. Não se compreenderia, com efeito, que o selvagem não possa alcançar a civilização neste mundo, uma vez que há almas mais avançadas encarnadas sobre o mesmo globo, de onde é preciso concluir que a possibilidade da pluralidade das existências terrestres resulta dos próprios exemplos que se tem sob os olhos. Se fora de outro modo, seria preciso explicar: primeiro, por que só a Terra teria o monopólio das encarnações? segundo, por que, tendo esse monopólio, aí se encontram almas encarnadas em todos os graus?

**141 – Por que se encontram, no meio de sociedades civilizadas, seres de uma ferocidade semelhante à dos selvagens mais bárbaros?**

*São Espíritos muito inferiores, saídos de raças bárbaras, e que en-*
*saiaram se reencarnar num meio que não é o seu, e onde se encontram*
*deslocados, como se um camponês se encontrasse de repente transportado*
*para as altas rodas sociais.*

Nota: Não se poderia admitir sem denegar a Deus toda justiça e toda bondade, que a alma do criminoso endurecido tenha, na vida atual, o mesmo ponto de
partida que a de um homem cheio de todas as virtudes. Se a alma não é anterior
ao corpo, a do criminoso e a do homem de bem são tão novas uma como a outra;
por que uma seria boa e a outra má? (*)

**142 – De onde vem o caráter distintivo dos povos?**

*São Espíritos que têm, mais ou menos, os mesmos gostos e as mes-*
*mas inclinações que se encarnam num meio simpático, e frequentemente*
*no mesmo meio, onde podem satisfazer suas inclinações.*

**143 – Como progridem e como degeneram os povos?**

*Se a alma é criada ao mesmo tempo que o corpo, a dos homens de*
*hoje são tão novas, tão primitivas quanto as dos homens da Idade Média.*
*E, desde então, pergunta-se por que elas têm costumes mais dóceis e uma*
*inteligência mais desenvolvida? Se, na morte do corpo, a alma deixa de-*
*finitivamente a Terra, pergunta-se, ainda, qual seria o fruto do trabalho*
*que se faz para melhorar um povo, se está a recomeçar com todas as almas*
*novas que chegam diariamente?*

*Os Espíritos se encarnam em um meio simpático e em relação com*
*o grau de seu adiantamento. Um chinês, por exemplo, que progrediu sufi-*
*cientemente, e não encontra na sua raça um meio correspondente ao grau*
*que alcançou, se encarnará entre um povo mais avançado. À medida que*
*uma geração dá um passo à frente, ela atrai por simpatia novos Espíritos*
*mais avançados, e que talvez sejam os que viveram em um mesmo país, se*
*progrediram, e é assim que, passo a passo, uma nação avança. Se a maio-*
*ria dos novos fosse de uma natureza inferior, os velhos partindo cada dia*
*e não retornando a um meio mais inferior, o povo degeneraria e acabaria*
*por se extinguir.*

Nota: Estas questões levantam outras que encontram sua solução no mesmo princípio; por exemplo, de onde vem a diversidade de raças sobre a Terra?
Há raças rebeldes ao progresso? A raça negra é suscetível de alcançar o nível das

---

(*) Vide Nota Explicativa da Editora no final do livro.

raças europeias? A escravidão é útil ao progresso das raças inferiores? Como pode se operar a transformação da Humanidade? – (*O Livro dos Espíritos: Lei do progresso*, nº 776 e seg. – *Revista Espírita*, 1862, pág. 1: *Doutrina dos anjos decaídos* – Idem, 1862, pág. 97: *Perfectibilidade da raça negra*). (*)

# O Homem depois da morte

**144 – Como se opera a separação da alma e do corpo? Opera-se brusca ou gradualmente?**

*A libertação se opera gradualmente e com uma lentidão variável, segundo os indivíduos e as circunstâncias da morte. Os laços que unem a alma ao corpo não se rompem senão pouco a pouco, e tanto menos rapidamente quanto a vida foi mais material e mais sensual. (O Livro dos Espíritos, nº 155)*

**145 – Qual é a situação da alma imediatamente após a morte do corpo? Ela tem, instantaneamente, a consciência de si mesma? Em uma palavra, o que ela vê? O que sente?**

*No momento da morte, primeiro tudo é confuso; a alma precisa de algum tempo para se reconhecer, porque está meio atordoada, e no estado de um homem saindo de sono profundo e que procura inteirar-se da sua situação. A lucidez das ideias e a memória do passado lhe retornam à medida que se desfaz a influência da matéria da qual acaba de se libertar, e que se dissipa a espécie de bruma que obscurece seus pensamentos.*

*A duração da perturbação que se segue à morte é muito variável; pode ser de algumas horas somente, como de vários dias, de vários meses e mesmo de vários anos. Ela é menos longa naqueles que, durante a vida, se identificaram com seu estado futuro, porque compreendem imediatamente sua situação; é tanto mais longa quanto o homem tenha vivido mais materialmente.*

*As sensações que a alma experimenta nesse momento são também muito variáveis; a perturbação que segue a morte nada tem de penosa para o homem de bem; ela é calma e em tudo semelhante à sensação que acompanha um despertar pacífico. Para aquele cuja consciência não é pura e que está mais preso à vida corporal que à espiritual, ela é cheia de*

---

(*) Vide Nota Explicativa da Editora no final do livro.

*ansiedade e de angústias que aumentam à medida que ela se reconhece; porque então ela está tomada de medo e de uma espécie de terror em presença daquilo que vê, e sobretudo daquilo que entrevê.*

*A sensação que se poderia chamar física é a de um grande alívio e de um imenso bem-estar; sente-se como livre de um fardo, e se está muito feliz por não sentir mais as dores corporais que se sentia poucos instantes antes de se sentir livre, desligado e alerta como quem viesse a ser libertado de pesadas correntes.*

*Na sua nova situação, a alma vê e ouve o que via e ouvia antes da morte, mas vê e ouve outras coisas que escapam à grosseria dos órgãos corporais; ela tem sensações e percepções que nos são desconhecidas (Revista Espírita, 1859, pág. 224: Morte de um espírita – Idem, 1860, pág. 332: O sonho do Espírito – Idem, 1862, pág. 129 e 171: Funerais de M. Sanson).*

Nota: Estas respostas, e todas aquelas relativas à situação da alma depois da morte ou durante a vida, não são o resultado de uma teoria ou de um sistema, mas de estudos diretos feitos sobre milhares de indivíduos observados em todas as fases e em todos os períodos da sua existência espiritual, desde o mais baixo até o mais alto grau da escala, segundo seus hábitos durante a vida terrestre, o gênero de morte, etc.

Diz-se, frequentemente, falando da vida espiritual, que não se sabe o que lá se passa porque pessoa alguma dela retornou; é um erro, uma vez que são precisamente os que lá se encontram que vêm dela nos instruir, e Deus o permite hoje mais que em nenhuma outra época, como última advertência dada à incredulidade e ao materialismo.

### 146 – A alma, que deixou o corpo, vê Deus?

*As faculdades perceptivas da alma são proporcionais à sua depuração; não é dado senão às almas de elite gozar da presença de Deus.*

### 147 – Se Deus está por toda parte, por que todos os Espíritos não podem vê-lo?

*Deus está por toda parte porque ele irradia por toda parte, e pode-se dizer que o Universo está mergulhado na divindade, como nós estamos mergulhados na luz solar. Mas os Espíritos atrasados são rodeados de uma espécie de neblina que o oculta aos seus olhos, e que não se dissipa senão à medida que eles se depuram e se desmaterializam. Os Espíritos inferiores são, pela vista, com relação a Deus, o que os encarnados são com relação aos Espíritos: verdadeiros cegos.*

**148 – Depois da morte, a alma tem consciência de sua individualidade? Como a constata e como podemos constatá-la?**

*Se as almas não tivessem mais individualidade depois da morte, seria para elas, e para nós, como se não existissem, e as consequências morais seriam exatamente as mesmas. Elas não teriam nenhum caráter distintivo, e a do criminoso estaria no mesmo plano da do homem de bem, do que resultaria que não se teria nenhum interesse em fazer o bem.*

*A individualidade da alma foi posta a descoberto de uma maneira, por assim dizer, material, nas manifestações espíritas, pela linguagem e as qualidades próprias de cada uma; uma vez que elas pensam e agem de uma maneira diferente, que umas são boas e outras más, umas sábias e outras ignorantes, umas querem o que outras não querem, isso é a prova evidente de que elas não estão confundidas num todo homogêneo, sem falar das provas patentes que nos dão de terem animado tal ou tal indivíduo sobre a Terra. Graças ao Espiritismo experimental, a individualidade da alma não é mais uma coisa vaga, porém um resultado da observação.*

*A própria alma constata sua individualidade, porque tem pensamento e vontade próprios, distintos das outras; ela a constata, ainda, pelo seu envoltório fluídico ou perispírito, espécie de corpo limitado que faz dela um ser à parte.*

Nota: Certas pessoas creem fugir à censura de materialismo admitindo um princípio inteligente universal do qual absorvemos uma parte ao nascer, o que constitui a alma, para devolvê-la depois da morte à massa comum onde ela se confunde como as gotas d'água no Oceano. Esse sistema, espécie de transação, não merece o nome de espiritualismo, porque é tão desesperador quanto o materialismo; o reservatório comum do todo universal equivaleria ao nada, uma vez que aí não haveria mais individualidades.

**149 – O gênero de morte influi sobre o estado da alma?**

*O estado da alma varia consideravelmente segundo o gênero de morte, mas, sobretudo, segundo a natureza dos hábitos que teve durante a vida. Na morte natural, o desligamento se opera gradualmente e sem abalo; frequentemente, ele começa mesmo antes que a vida se extinga. Na morte violenta por suplício, suicídio ou acidente, os laços se rompem bruscamente; o Espírito, surpreendido pelo imprevisto, fica como atordoado pela mudança que nele se opera e não compreende sua situação. Um fenômeno mais ou menos constante, em semelhante caso, é a persuasão em que se acha de não estar morto, e essa ilusão pode durar vários me-*

ses e mesmo vários anos. *Nesse estado, vai, vem e crê aplicar-se aos seus trabalhos, como se fosse ainda deste mundo, muito espantado que não respondem quando ele fala.* Essa ilusão não é exclusivamente dos casos de mortes violentas; é encontrada nos indivíduos cuja vida foi absorvida pelos gozos e interesses materiais. *(O Livro dos Espíritos, nº 165 – Revista Espírita, 1858, pág. 166: O suicida da Samaritaine – Idem, 1858, pág. 326: Um espírito no enterro do seu corpo – Idem, 1859, pág. 184: O Zuavo de Magenta – Idem, 1859, pág. 319: Um Espírito que não se crê morto – Idem, 1863, pág. 97: François Simon Louvet).*

**150 – Aonde a alma vai depois de ter deixado o corpo?**

*Ela não se perde na imensidade do Infinito, como geralmente se figura; ela erra no espaço e, o mais frequentemente, no meio daqueles que conheceu, e sobretudo daqueles que amou, podendo se transportar instantaneamente a distâncias imensas.*

**151 – A alma conserva as afeições que tinha sobre a Terra?**

*Ela conserva todas as afeições morais; não esquece senão as afeições materiais que não são mais da sua essência. Por isso, vem com alegria rever seus parentes e seus amigos, e é feliz por dela se lembrarem (Revista Espírita, 1860, pág. 202: Os amigos não nos esquecem no outro mundo. 11 – Idem, 1862, pág. 132).*

**152 – A alma conserva a lembrança do que fez sobre a Terra? Se interessa pelos trabalhos que deixou inacabados?**

*Isso depende da sua elevação e da natureza dos seus trabalhos. Os Espíritos desmaterializados pouco se preocupam com as coisas materiais, das quais são felizes de estarem livres. Quanto aos trabalhos que começaram, segundo a sua importância e a sua utilidade, eles inspiram, algumas vezes a outros o pensamento de terminá-los.*

**153 – A alma reencontra no mundo dos Espíritos os parentes e amigos que a precederam?**

*Não somente os reencontra, mas reencontra aí muitos outros que havia conhecido nas suas precedentes existências. Geralmente, aqueles que por ela mais se afeiçoam vêm recebê-la na sua chegada ao mundo dos Espíritos, e a ajudam a se libertar dos laços terrestres. Entretanto, a privação do reencontro com as almas mais queridas, algumas vezes, é uma punição para as almas culpadas.*

**154 – Qual é, na outra vida, o estado intelectual e moral da alma da criança morta em tenra idade? Suas faculdades estão na infância, como durante a vida?**

*O desenvolvimento incompleto dos órgãos da criança não permitia ao Espírito se manifestar completamente; liberto desse envoltório, suas faculdades são as que tinha antes da sua encarnação. O Espírito não tendo passado senão alguns instantes na vida, suas faculdades não puderam se modificar.*

Nota: Nas comunicações espíritas, o Espírito de uma criança pode, pois, falar como o de um adulto, porque pode ser um Espírito muito avançado. Se toma, algumas vezes, a linguagem infantil é para não tirar da mãe o encanto de um ser frágil e delicado e enfeitado com as graças da inocência. (*Revista Espírita*, 1858, pág. 17: *Mãe! eu estou aí*).

A mesma pergunta podendo ser feita sobre o estado intelectual da alma dos cretinos, dos idiotas e dos loucos, depois da morte, encontra sua solução na precedente.

**155 – Que diferença há, depois da morte, entre a alma do sábio e do ignorante, do selvagem e do homem civilizado?**

*A mesma diferença, aproximadamente, que existe entre eles durante a vida, porque a entrada no mundo dos Espíritos não dá à alma todos os conhecimentos que lhe faltavam sobre a Terra.*

**156 – As almas progridem intelectual e moralmente, depois da morte?**

*Elas progridem mais ou menos segundo sua vontade, e algumas progridem muito, mas têm necessidade de porem em prática, durante a vida corporal, o que adquiriram em ciência e em moralidade. Aquelas que estão estacionárias retomam uma existência análoga à que deixaram; as que progrediram merecem uma encarnação de uma ordem mais elevada.*

*O progresso, sendo proporcional à vontade do Espírito, há os que conservam por longo tempo os gostos e as tendências que tinham durante a vida, e que perseguem as mesmas ideias. (Revista Espírita, 1858, pág. 82: A rainha de Oude – Idem, pág. 145: O Espírito e os herdeiros – Idem, pág. 186: O tambor da Béresina – Idem, 1859, pág. 344: Um antigo carreteiro – Idem, 1860, pág. 325: Progresso dos Espíritos – Idem, 1861, pág. 126: Progresso de um Espírito perverso).*

**157 – A sorte do homem, na vida futura, é irrevogavelmente fixada depois da morte?**

*A fixação irrevogável da sorte do homem depois da morte seria a negação absoluta da justiça e da bondade de Deus, porque há muitos que não dependeram de si mesmos para se esclarecerem suficientemente, sem falar dos idiotas, dos cretinos e dos selvagens, e das inumeráveis crianças que morrem antes de terem entrevisto a vida. Mesmo entre as pessoas esclarecidas, há muitas que puderam crer-se bastante perfeitas para estarem dispensadas de fazer mais, e isso não é uma prova manifesta que Deus dá da sua bondade, permitindo ao homem fazer no dia seguinte o que não fez na véspera? Se a sorte está irrevogavelmente fixada, por que os homens morrem em idades tão diferentes, e por que Deus, na sua justiça, não deixa a todos o tempo para fazerem o maior bem possível ou reparar o mal que fizeram? Quem sabe se o culpado que morreu aos trinta anos, não estaria arrependido, não teria se tornado um homem de bem, se vivesse até os sessenta anos? Por que Deus lhes tira esse meio enquanto dá a outros? Só o fato da diversidade da duração da vida, e do estado moral da grande maioria dos homens, prova a impossibilidade, se se admite a justiça de Deus, de que a sorte da alma seja irrevogavelmente fixada depois da morte.*

**158 – Qual é, na vida futura, a sorte das crianças que morrem em tenra idade?**

*Essa questão é uma das que provam melhor a justiça e a necessidade da pluralidade das existências. Uma alma que não tivesse vivido senão alguns instantes, não tendo feito nem bem nem mal, não mereceria nem recompensa nem punição. Segundo a máxima do Cristo, de que cada um é punido ou recompensado segundo suas obras, seria, tanto ilógico como contrário à justiça de Deus admitir-se que, sem trabalho, ela fosse chamada a gozar da felicidade perfeita dos anjos, ou que pudesse disso ser privada, e, todavia, ela deve ter uma sorte qualquer; um estado misto, pela eternidade, seria também injusto. Interrompida uma existência desde o seu princípio, não podendo ter, pois, nenhuma consequência para a alma, sua sorte atual é a que merecia na sua precedente existência, e sua sorte futura aquela que merecerá nas suas existências ulteriores.*

**159 – As almas têm ocupações na outra vida? Ocupam-se de outras coisas além das suas alegrias ou seus sofrimentos?**

*Se a almas não se ocupassem senão de si mesmas durante a eternidade, isso seria egoísmo, e Deus, que condena o egoísmo, não aprovaria na vida espiritual o que pune na vida corporal. As almas ou Espíritos têm ocupações de acordo com seu grau de adiantamento, ao mesmo tempo que procuram se instruírem e melhorarem. (O Livro dos Espíritos, nº 558: Ocupações e missões dos Espíritos).*

**160 – Em que consistem os sofrimentos da alma depois da morte? As almas culpadas são torturadas nas chamas materiais?**

*A Igreja, hoje, reconhece perfeitamente que o fogo do Inferno é um fogo moral e não um fogo material, todavia, não define a natureza dos sofrimentos. As comunicações espíritas os colocam sob nossos olhos; por esse meio, nós podemos apreciá-los e nos convencer de que, por não ser o resultado de um fogo material, que não poderia queimar, com efeito, almas imateriais, eles não são menos terríveis em certos casos. Essas penas não são uniformes e variam ao infinito, segundo a natureza e o grau das faltas cometidas, e são, quase sempre, essas próprias faltas que servem ao castigo. É assim que certos homicidas são constrangidos a permanecerem sobre o lugar do crime e a ter, sem cessar, suas vítimas sob seus olhos; que o homem de gostos sensuais e materiais conserva esses mesmos gostos, mas a impossibilidade de os satisfazer materialmente é para ele uma tortura; que certos avarentos creem sofrer o frio e as privações que suportaram durante a vida por avareza; outros permanecem perto dos tesouros que enterraram e estão em transe perpétuo pelo medo que os roubem; em uma palavra, não há uma falta, uma imperfeição moral, uma ação má que não tenha, no mundo dos Espíritos, sua contrapartida e suas consequências naturais; e, para isso não há necessidade de um lugar determinado e circunscrito: por toda parte em que se encontre, o Espírito perverso carrega seu inferno consigo.*

*Além das penas espirituais, há penas e provas materiais que o Espírito, que não está depurado, suporta nas novas encarnações, onde é colocado numa posição para suportar o que fez os outros suportarem: ser humilhado, se foi orgulhoso; miserável, se foi mau rico; infeliz por seu filho, se foi um mau filho, etc. A Terra, como dissemos, é um lugar de exílio e de expiação, um purgatório, para os Espíritos dessa natureza, e no qual depende de cada um não retornar, melhorando-se bastante para merecer ir a um mundo melhor (O Livro dos Espíritos, nº 237: Percepções, sensações* e sofrimento dos Espíritos – Idem, livro Quarto: Esperanças e consolações; penas e gozos futuros – Revista Espírita, 1858, pág. 79: O assassino Lemaire – Idem, 1858, pág. 166: O suicida da Samaritaine – Idem, 1858, pág. 331: Sensações dos Espíritos – Idem, 1859, pág. 275: O pai Crépin – Idem, 1860, pág. 61: Estelle Régnier – Idem, 1860, pág. 247: O suicida da rua Quincampoix – Idem, 1860, pág. 316: O castigo – Idem, 1860, pág. 325: Entrada de um culpado no mundo dos Espíritos – Idem, 1860, pág. 384: Castigo do egoísta – Idem, 1861, pág. 53: Suicídio de um ateu – Idem, 1861, pág. 270: A pena de talião).

**161 – A prece é útil para as almas sofredoras?**

A prece é recomendada por todos os bons Espíritos; por outro lado, ela é pedida pelos Espíritos imperfeitos como um meio de aliviar seus sofrimentos. A alma pela qual se ora experimenta alívio, porque é um testemunho de interesse e o infeliz é sempre aliviado quando encontra corações caridosos que se compadecem de suas dores. Por outro lado, ainda pela prece, estimula-se ao arrependimento e ao desejo de fazer o que é preciso para ser feliz; é nesse sentido que se pode abreviar sua pena se, por sua vez, ela secunda pela sua boa vontade (O Livro dos Espíritos, nº 664 – Revista Espírita, 1859, pág. 315: Efeitos da prece sobre os Espíritos sofredores).

**162 – Em que consistem os gozos das almas felizes? Elas ficam em eterna contemplação?**

A justiça quer que a recompensa seja proporcional ao mérito, como a punição à gravidade da falta; há, portanto, graus infinitos nos gozos da alma, desde o instante em que ela entra no caminho do bem, até que atinja a perfeição.

A felicidade dos bons Espíritos consiste em conhecer todas as coisas, não ter nem ódio, nem ciúme, nem inveja, nem ambição, nem nenhuma das paixões que fazem a infelicidade dos homens. O amor que as une é, para elas, a fonte de uma suprema felicidade. Elas não experimentam nem as necessidades, nem os sofrimentos, nem as angústias da vida material. Um estado de contemplação perpétua seria uma felicidade estúpida e monótona, própria do egoísta, uma vez que sua existência seria uma inutilidade sem limites. A vida espiritual, ao contrário, é uma atividade incessante pelas missões que os Espíritos recebem do ser supremo, como sendo seus agentes no governo do Universo; missões que são proporcionais *ao seu adiantamento e das quais são felizes, porque lhes fornecem ocasiões de se tornarem úteis e de fazerem o bem. (O Livro dos Espíritos, nº 558: Ocupações e missões dos Espíritos – Revista Espírita, 1860, pág. 321 e 322; Os Espíritos puros; a morada dos bem-aventurados – Idem, 1861, pág. 179: Madame Gourdon).*

Nota: Convidamos os adversários do Espiritismo e aqueles que não admitem a reencarnação, a darem aos problemas acima uma solução mais lógica, por qualquer outro princípio que o da pluralidade das existências.

Fim

# O Espiritismo

## em sua mais simples expressão

### Exposição sumária do ensino dos Espíritos

- Fora da caridade não há salvação.
- Nascer, morrer, renascer ainda e progredir sem cessar, tal é a lei.
- Não há fé inquebrantável senão aquela que pode encarar a razão face a face, em todas as épocas da Humanidade.

POR

*Allan Kardec*

# Histórico do Espiritismo

Por volta de 1848, a atenção foi chamada, nos Estados Unidos da América, sobre diversos fenômenos estranhos, consistentes em ruídos, pancadas e movimento de objetos sem causa conhecida. Esses fenômenos, frequentemente, ocorriam espontaneamente, com uma intensidade e uma persistência singulares; mas notou-se também que eles se produziam mais particularmente sob influência de certas pessoas, que se designou sob o nome de *médiuns,* e que podiam, de alguma sorte, provocá-los à vontade, o que permite repetir as experiências. Serviu-se, sobretudo, para isso de mesas; não que esse objeto seja mais favorável do que um outro, mas unicamente porque é o móvel mais cômodo, e que se senta, mais facilmente e mais naturalmente, ao redor de uma mesa que ao redor de qualquer outro móvel. Obteve-se, dessa maneira, a rotação da mesa, depois movimentos em todos os sentidos, sobressaltos, tombamentos, erguimentos, pancadas com violência, etc. É o fenômeno que foi designado no princípio, sob o nome de *mesas girantes* ou *dança das mesas.*

Até aí o fenômeno podia perfeitamente se explicar por uma corrente elétrica ou magnética, ou pela ação de um fluido desconhecido, e essa foi mesmo a opinião que se formou a respeito. Mas não tardou a se reconhecer, nesses fenômenos, efeitos inteligentes; assim, o movimento obedecia à vontade; a mesa se dirigia à direita ou à esquerda para uma pessoa designada, e se dirigia ao comando, sobre um ou dois pés, batendo o número de pancadas pedidas, batia o compasso, etc. Desde então ficou evidente que a causa não era puramente física, e segundo esse axioma que: *se todo efeito tem uma causa, todo o efeito inteligente deve ter uma causa inteligente,* concluiu-se que a causa desse fenômeno deveria ser uma *inteligência.*

**Qual era a natureza dessa inteligência?** Aí estava a questão. O primeiro pensamento foi que isso poderia ser um reflexo da inteligência do médium ou dos assistentes, mas a experiência logo demonstrou-lhe a impossibilidade, porque obtinham-se coisas completamente fora do pensamento e dos conhecimentos das pessoas presentes, e mesmo em contradição com suas ideias, sua vontade e seu desejo; ele não podia, pois, pertencer senão a um ser invisível. O meio para disso se assegurar era muito simples: tratava-se de entrar em conversação, o que se fez por meio de um número de golpes convencionados significando *sim* ou *não*, ou designando as letras do alfabeto, e se teve, dessa maneira, respostas às mais diversas perguntas que se lhe dirigia. É o fenômeno que foi designado sob o nome de *mesas falantes*. Todos os seres que se comunicaram desse modo, interrogados sobre a sua natureza, declararam ser *Espíritos* e pertencerem a um mundo invisível. Tendo os mesmos efeitos se produzido num grande número de localidades, por intermédio de pessoas diferentes, e sendo, aliás, observado por homens muito sérios e muito esclarecidos, não era possível que se fosse o joguete de uma ilusão.

Da América, esse fenômeno passou para a França e ao resto da Europa, onde, durante alguns anos, as mesas girantes e falantes foram a moda, e se tornaram o divertimento dos salões; depois, quando delas se usou bastante, foram deixadas de lado, para passar a uma outra distração.

O fenômeno não tardou a se apresentar sob um novo aspecto que fê-lo sair do domínio da simples curiosidade. Os limites deste resumo não nos permitindo segui-lo em todas as suas fases, passamos, sem outra transição, ao que oferece de mais característico, ao que, sobretudo, fixou a atenção de pessoas sérias.

Dizemos preliminarmente, de passagem, que a realidade do fenômeno encontra numerosos contraditores; uns, sem levar em conta o desinteresse e a honorabilidade dos experimentadores, não viram nele senão um malabarismo, um hábil jogo de escamoteação. Aqueles que não admitem nada fora do mundo da matéria, que não creem senão no mundo visível, que pensam que tudo morre com o corpo, os materialistas, em uma palavra: aqueles que se qualificam de *espíritos fortes*, rejeitaram a existência dos Espíritos invisíveis na classe de fábulas absurdas; taxaram de loucos aqueles que levavam a coisa a sério, e os acabrunharam com sarcasmos e zombarias. Outros, não podendo negar os fatos, e sob o império de uma certa ordem de ideias, atribuíram esses fenômenos à influência exclusiva do *diabo,* e procuraram, por esse meio, atemorizar os tímidos. Mas hoje o medo do diabo perdeu singularmente seu prestígio; tanto dele se falou, se o pintou de tantos modos que se está familiarizado com essa ideia, e muitos se disseram que era necessário aproveitar a ocasião para ver o que ele é realmente. Disso resultou que, à parte um pequeno número de mulheres tímidas, o anúncio da chegada do verdadeiro diabo tinha alguma coisa de picante para aqueles que não o viram senão em pintura e no teatro; foi, para muitas pessoas, um poderoso estimulante: de sorte que aqueles que quiseram, por esse meio, opor uma barreira às ideias novas, foram contra seu objetivo, e tornaram-se, sem o querer, agentes propagadores tanto mais eficazes quanto gritavam mais forte. Os outros críticos não tiveram maior sucesso, porque, aos fatos constatados, aos raciocínios categóricos, não puderam opor senão denegações. Lede o que publicaram. Por toda parte encontrareis a prova da ignorância e da falta de observação séria dos fatos, e em nenhuma parte uma demonstração peremptória de sua impossibilidade; toda sua argumentação assim se resume: "eu não creio, portanto, isso não existe; todos os que creem são loucos; só nós temos o privilégio da razão e do bom-senso." O número de adeptos feitos pela crítica séria ou bufa, é incalculável, porque por toda parte não se encontram senão opiniões pessoais, vazias de provas contrárias. Prossigamos nossa exposição.

As comunicações por pancadas eram lentas e incompletas; reconheceu-se que, adaptando-se um lápis a um objeto móvel: cesta, prancheta ou outro, sobre o qual colocavam-se os dedos, esse objeto se punha em movimento e traçava caracteres. Mais tarde reconheceu-se que esses objetos não eram senão acessórios os quais se podia dispensar; a experiência demonstrou que o Espírito, agindo sobre um corpo inerte para dirigi-lo à vontade poderia agir, do mesmo modo, sobre o braço ou a mão a fim de conduzir o lápis. Teve-se, então, os *médiuns escreventes,* quer dizer, pessoas escrevendo de modo involuntário sob o impulso de Espíritos, dos quais se achavam assim os instrumentos e os intérpretes. Desde esse momento, as comunicações não tiveram mais limites, e a troca de pensamentos pôde ser feita com tanta rapidez e desenvolvimento quanto entre os vivos. Era um vasto campo aberto à exploração, a descoberta de um mundo novo: o mundo dos invisíveis, como o microscópio descobrira o mundo dos infinitamente pequenos.

Que são esses Espíritos? Que papel desempenham no universo? Com qual objetivo se comunicaram aos mortais? Tais são as primeiras perguntas que se tratava de resolver. Soube-se logo, por eles mesmos, que não são seres à parte na criação, mas as próprias almas daqueles que viveram na Terra ou em outros mundos; que essas almas, depois de se despojarem de seu envoltório corporal, povoam e percorrem o espaço. Não mais foi permitido disso duvidar quando se reconheceu, entre eles, seus parentes e seus amigos, com os quais puderam se entreter; quando estes vieram dar a prova de sua existência, demonstrar que não há de morto neles senão o corpo, que sua alma ou Espírito vive sempre, que estão ali, perto de nós, vendo-nos e observando-nos como quando vivos, cercando com sua solicitude aqueles que amaram, e dos quais a lembrança, para eles, é uma doce satisfação.

**Faz-se geralmente dos Espíritos** uma ideia completamente falsa; eles não são como muitos os figuram, seres abstratos, vagos e indefinidos, nem qualquer coisa como um clarão ou uma centelha; são, ao contrário, seres muito reais, tendo sua individualidade e uma forma determinada. Pode-se deles fazer uma ideia aproximada pela explicação seguinte:

Há no homem três coisas essenciais: 1º a *alma* ou *Espírito,* princípio inteligente em quem residem o pensamento, a vontade e o senso moral; 2º o *corpo,* envoltório material pesado e grosseiro, que coloca o Espírito em relação com o mundo exterior; 3º o *perispírito,* envoltório fluídico, leve, servindo de laço e de intermediário entre o Espírito e o corpo. Quando o envoltório exterior está usado e não pode mais funcionar, ele cai e o Espírito dele se despoja como o fruto de sua casca, a árvore de sua crosta: em uma palavra, como se tira uma velha roupa fora de seu uso; é o que se chama a *morte.*

A morte, portanto, não é outra coisa senão a destruição do grosseiro envoltório do Espírito: só o corpo morre, o Espírito não morre. Durante a vida o Espírito está, de alguma sorte, comprimido pelos laços da matéria ao qual está unido, e que, frequentemente, paralisa suas faculdades; a morte do corpo desembaraça-o de seus laços; dele se liberta e recobra sua liberdade, como a borboleta saindo de sua crisálida; mas não deixa senão o corpo material; conserva o perispírito, que constitui, para ele, uma espécie de corpo etéreo, vaporoso, imponderável para nós e de forma humana, que parece ser a forma tipo. Em seu estado normal, o perispírito é invisível, mas o Espírito pode fazê-lo sofrer certas modificações que o tornam momentaneamente acessível à visão e mesmo ao toque, como ocorre para o vapor condensado; é assim que podem, algumas vezes, mostrarem-se a nós nas aparições. É com a ajuda do perispírito que o Espírito age sobre a matéria inerte, e produz os diversos fenômenos de ruídos, de movimentos, de escrita, etc. (as pancadas e os movimentos são, para os Espíritos, os meios de atestarem sua presença e chamarem sobre eles, a atenção, absolutamente como quando uma pessoa bate para advertir que há alguém. Há os que não se limitam a ruídos moderados, mas que vão até fazerem um alarido semelhante ao da louça que se quebra, de portas que se abrem e se fecham, ou de móveis que tombam.

Com a ajuda dos golpes e dos movimentos convencionais, eles puderam exprimir seus pensamentos, mas a escrita lhes oferece o meio completo, o mais rápido e o mais cômodo; também é aquele que eles preferem (1). Pela mesma razão que podem levar a formar caracteres, podem guiar a mão para fazer traçar desenhos, escrever música, executar um trecho num instrumento, em uma palavra, na falta de seu próprio corpo, que não têm mais, servem-se do médium para se manifestarem aos homens de maneira sensível.

Os Espíritos ainda podem se manifestar de várias maneiras, entre outras pela visão e pela audição. Certas pessoas, ditas *médiuns audientes,* têm a faculdade de ouvi-los, e podem assim conversar com eles; outros os veem: são os *médiuns videntes.* Os Espíritos que se manifestam à visão, geralmente, apresentam-se sob uma forma análoga à que tinham quando vivos, mais vaporosa; outras vezes, essa forma tem todas as aparências de um ser vivo, ao ponto de iludir completamente, e que, algumas vezes, foram tomados por pessoas em carne e osso, com as quais se pôde conversar e trocar apertos de mão, sem desconfiar que se relacionava com Espíritos, de outro modo senão pelo seu desaparecimento súbito.

A visão permanente e geral dos Espíritos é muito rara, mas as aparições individuais são bastante frequentes, sobretudo no momento da morte; o Espírito liberto parece se apressar para ir rever seus parentes e amigos, como para adverti-los que acaba de deixar a Terra e dizer-lhes que vive sempre.

---

(1) Ocorre o mesmo para a *palavra.*

Que cada um reúna suas lembranças, e ver-se-á quantos fatos desse gênero, dos quais não se dava conta, ocorreram não somente à noite, durante o sono, mas em pleno dia, no estado de vigília mais completo. Outrora olhava-se esses fatos como sobrenaturais e maravilhosos, e se os atribuía à magia e à feitiçaria; hoje os incrédulos os colocam à conta da imaginação; mas desde que a ciência espírita deu-lhes a chave, sabe-se como se produzem, e que não saem da ordem de fenômenos naturais.

Crê-se ainda que os Espíritos, pelo único fato de serem Espíritos, devem ter a soberana ciência e a soberana sabedoria: foi um erro que a experiência não tardou a demonstrar. Entre as comunicações dadas pelos Espíritos, há as que são sublimes de profundeza, de eloquência, de sabedoria, de moral, e não respiram senão a bondade e a benevolência; mas, ao lado disso, há as muito vulgares, levianas, triviais, grosseiras mesmo, e pelas quais o Espírito revela os instintos mais perversos. É, pois, evidente que elas não podem emanar da mesma fonte, e que, se há bons Espíritos, os há também maus. Os Espíritos, não sendo outra coisa que a alma dos homens, não podem naturalmente tornarem-se perfeitos deixando seu corpo; até que hajam progredido, conservam as imperfeições da vida corpórea; por isso, se os vê em todos os graus de bondade e de maldade, de saber e de ignorância.

Os Espíritos se comunicam geralmente com prazer, e para eles é uma satisfação ver que não foram esquecidos; descrevem voluntariamente suas impressões em deixando a Terra, sua nova situação, a natureza de suas alegrias e de seus sofrimentos no mundo dos Espíritos onde se encontram; uns são muito felizes, outros infelizes, alguns mesmo suportam tormentos horríveis, segundo a maneira pela qual viveram, e o emprego bom ou mau, útil ou inútil que fizeram da vida. Em os observando em todas as fases de sua nova existência, segundo a posição que ocuparam na Terra, seu gênero de morte, seu caráter e seus hábitos como homens, chega-se a um conhecimento senão completo, pelo menos bastante preciso, do mundo invisível, para se dar conta do nosso estado futuro e pressentir a sorte feliz ou infeliz que ali nos espera.

As instruções dadas pelos Espíritos de uma ordem elevada, sobre todos os assuntos que interessam à Humanidade, as respostas que deram às perguntas que lhes foram propostas, tendo sido **recolhidas** e **coordenadas** com cuidado, constituem toda uma ciência, toda uma doutrina moral e filosófica sob o nome de *Espiritismo*. *O Espiritismo é, pois, a doutrina fundada sobre a existência, as manifestações e o ensinamento dos Espíritos*. Essa doutrina se acha exposta, de maneira completa, em *O Livro dos Espíritos* para a parte filosófica, em *O Livro dos Médiuns* para a parte prática e experimental, e em *O Evangelho Segundo o Espiritismo* para a parte moral. Pode-se julgar, pela análise que damos adiante dessas obras, da variedade, da extensão e da importância das matérias que elas abarcam.

Assim como se viu, o Espiritismo teve seu ponto de partida no fenômeno vulgar das mesas girantes; mas como esses fatos falam mais aos olhos que à inteligência, que despertam mais curiosidade que sentimento, a curiosidade satisfeita, se tem tanto menos interesse neles quanto não se os compreenda. Não ocorreu o mesmo quando a teoria veio explicar-lhes a causa; quando, sobretudo, viu-se que dessas mesas girantes, com as quais se divertiu por um instante, saiu toda uma doutrina moral falando à alma, dissipando as angústias da dúvida, satisfazendo a todas as aspirações deixado no vago por um ensinamento incompleto sobre o futuro da Humanidade, as pessoas sérias acolheram a nova doutrina como um benefício e, desde então, longe de declinar, ela cresce com uma rapidez incrível; no espaço de alguns anos, ela reuniu, em todos os países do mundo e sobretudo entre as pessoas esclarecidas, inumeráveis partidários que aumentam todos os dias numa proporção extraordinária, de tal sorte que, hoje, pode-se dizer que o Espiritismo conquistou direito de cidadania; e está assentado sobre bases que desafiam os esforços de seus adversários mais ou menos interessados em combatê-lo, e a prova disso é que os ataques e críticas não afrouxaram sua marcha um só instante: este é um fato adquirido pela experiência, e do qual os opositores jamais puderam dar razão; os espíritas dizem, muito simplesmente, que se ele se propaga apesar da crítica, é que se o acha bom e que se prefere seu raciocínio ao dos contraditores.

O Espiritismo, todavia, não é uma descoberta moderna; os fatos e os princípios sobre os quais repousam, perdem-se na noite dos tempos, porque se lhes encontram os traços nas crenças de todos os povos, em todas as religiões, na maioria dos escritos sagrados e profanos; somente os fatos, incompletamente observados, frequentemente foram interpretados segundo as ideias supersticiosas da ignorância, e não lhes foram deduzidas todas as consequências.

Com efeito, o Espiritismo está fundado sobre a existência de Espíritos, mas os Espíritos, não sendo outros que as almas dos homens, desde que há homens há Espíritos; o Espiritismo não os descobriu, nem os inventou. Se as almas ou Espíritos podem se manifestar aos vivos, é porque isso está na Natureza, e desde então deveram fazê-lo de todos os tempos; também de todos os tempos, e por toda parte, encontram-se as provas dessas manifestações, que são muitas, sobretudo nos relatos bíblicos.

O que é moderno, é a explicação lógica dos fatos, o conhecimento mais completo da natureza dos Espíritos, de seu papel e de seu modo de ação, a revelação de nosso estado futuro, enfim sua constituição de corpo de ciência e de doutrina e suas diversas aplicações. Os Antigos conheciam o princípio, os Modernos conhecem os detalhes. Na antiguidade, o estudo desses fenômenos era o privilégio de certas castas, que não os revelavam senão aos iniciados nos seus mistérios; na idade média, aqueles que deles se ocupavam ostensivamente eram olhados como feiticeiros e queimados; mas hoje não há mistérios para ninguém, não se queima mais ninguém; tudo se passa à luz do dia, e todo o mundo está em condições de se esclarecer e de praticar, porque os médiuns se encontram por toda parte.

A própria doutrina que os Espíritos ensinam hoje, nada tem de nova; se a encontra, por fragmentos, na maioria dos filósofos da Índia, do Egito e da Grécia, e toda inteira no ensinamento do Cristo. Que vem, pois, fazer o Espiritismo? Ele vem confirmar por novos testemunhos, demonstrar por fatos, verdades desconhecidas ou mal compreendidas, restabelecer, em seu verdadeiro sentido, aquelas que foram mal interpretadas.

O Espiritismo nada ensina de novo, é verdade; mas é nada provar, de maneira patente, irrecusável, a existência da alma, sua sobrevivência ao corpo, sua individualidade depois da morte, sua imortalidade, as penas e as recompensas futuras? Quantas pessoas creem nessas coisas, mas nela creem com vago preconceito de incerteza, e se dizem eu seu foro íntimo: "Se, todavia, isso não o for!" Quantos foram conduzidos à incredulidade porque se lhes apresentou o futuro sob um aspecto que sua razão não podia admitir! Não é, pois, nada para o crente vacilante poder dizer-se: "Agora estou seguro!" Para o cego de rever a luz! Pelos fatos e pela sua lógica, o Espiritismo vem dissipar a ansiedade da dúvida, e conduzir à fé aqueles que dela se afastaram; em nos revelando a existência do mundo invisível que nos cerca, e no meio do qual vivemos sem disso nos dar conta, faz-nos conhecer pelo exemplo daqueles que viveram, as condições de nossa felicidade ou de nossa infelicidade futuras; explica-nos a causa de nossos sofrimentos neste mundo e o meio de abrandá-los. Sua propagação terá por efeitos inevitáveis a destruição das doutrinas materialistas que não podem resistir à evidência. O homem, convencido da grandeza e da importância de sua existência futura, que é eterna, compara-a à incerteza da vida terrestre, que é tão curta, e se eleva, pelo pensamento, acima das mesquinhas considerações humanas; conhecendo a causa e o objetivo de suas misérias, suporta-as com paciência e resignação, porque sabe que elas são um meio para chegar a um estado melhor. O exemplo daqueles que vêm de além-túmulo descrever suas alegrias e suas dores, em provando a realidade da vida futura, ao mesmo tempo, prova que a justiça de Deus não deixa nenhum vício sem punição, nem nenhuma virtude sem recompensa. Acrescentemos, enfim, as comunicações com os seres queridos, que já partiram, que proporcionam uma doce consolação provando não somente que eles existem, mas que se está menos separado do que se estivessem vivos e num país estrangeiro.

**Em resumo**, o Espiritismo abranda a amargura dos desgostos da vida; acalma os desesperos e as agitações da alma, dissipa as incertezas ou os terrores do futuro, detém o pensamento de abreviar a vida por suicídio; por isso mesmo, torna felizes aqueles que nele penetram, e aí está o grande segredo de sua rápida propagação.

**Do ponto de vista religioso**, o Espiritismo tem por base as verdades fundamentais de todas as religiões: Deus, a alma, a imortalidade, as penas e as recompensas futuras; mas ele é independente de todo culto particular. Seu objetivo é provar, àqueles que negam ou que duvidam, que a alma existe, que ela sobrevive ao corpo; que ela suporta, depois da morte, as consequências do bem e do mal que fez durante a vida corpórea; ora, isto é de todas as religiões.

**Como crença nos Espíritos**, é igualmente de todas as religiões, do mesmo modo que é de todos os povos, uma vez que, por toda parte que haja homens, há almas ou Espíritos, que as manifestações são de todos os tempos, e que o relato se encontra em todas as religiões sem exceções. Pode-se, pois, ser católico, grego ou romano, protestante, judeu ou muçulmano, e crer nas manifestações dos Espíritos, e, por consequência, ser Espírita; a prova é que o Espiritismo tem adeptos em todas as seitas.

**Como moral**, ele é essencialmente cristão, porque a que ele ensina não é senão o desenvolvimento e a aplicação da do Cristo, a mais pura de todas, e cuja superioridade não é contestada por ninguém, prova evidente de que ela está na lei de Deus; ora, a moral é para o uso de todo o mundo.

**O Espiritismo, sendo independente de toda forma de culto**, não prescreve nenhum deles, e não se ocupa de dogmas particulares, não é uma religião especial, porque não tem nem seus sacerdotes e nem seus templos. Àqueles que lhe perguntam se fazem bem seguir tal ou tal prática, ele responde: Se credes vossa consciência induzida a fazê-lo, fazei-o: Deus tem sempre em conta a intenção. Em uma palavra, ele não se impõe a ninguém; não se dirige àqueles que têm a fé, e a quem esta fé basta, mas à numerosa categoria dos incertos e dos incrédulos; ele não os arrebata da Igreja, uma vez que dela estão separados moralmente no todo ou em parte: lhes é necessário fazer três quartas partes do caminho para nela entrarem; cabe a ela fazer o resto.

O Espiritismo combate, é verdade, certa crenças tais como a eternidade das penas, o fogo material do inferno, a personalidade do diabo, etc; mas não é certo que, essas crenças, impostas como absolutas, em todos os tempos fizeram incrédulos e o fazem todos os dias? Se o Espiritismo, dando a esses dogmas e da alguns outros, uma interpretação racional, conduz à fé aqueles que dela desertaram, não presta serviço à religião? Também um venerável eclesiástico dizia a esse respeito: "O Espiritismo faz crer em alguma coisa; ora, é melhor crer em alguma coisa que nada crer de tudo."

Os Espíritos, não sendo outros que as almas, não se pode negar os Espíritos sem negar a alma. Admitindo-se as almas, ou os Espíritos, a questão, reduzida à sua mais simples expressão, é esta: *As almas daqueles que morreram podem se comunicar com os vivos?* O Espiritismo prova a afirmativa por fatos materiais; que prova se pode dar de que isso não seja possível? Se isso for, todas as negações do mundo não impedirão que isso seja, porque não é nem um sistema, nem uma teoria, mas uma lei da Natureza; ora, contra as leis da Natureza, a vontade do homem é impotente;

é necessário, por bem ou por mal, aceitar-lhe as consequências, e a elas conformar suas crenças e seus hábitos.

# Resumo do ensinamento dos Espíritos

1. Deus é a inteligência suprema, causa primeira de todas as coisas.

Deus é *eterno, único, imaterial, imutável, todo-poderoso, soberanamente justo e bom*. Deve ser infinito em todas as suas perfeições, porque supondo-se um único de seus atributos imperfeito, não seria Deus.

2. Deus criou a matéria que constitui os mundos; criou também seres inteligentes, que chamamos *Espíritos*, encarregados de administrarem os mundos materiais, segundo as leis *imutáveis* da criação, e que são perfectíveis pela sua natureza. Em se aperfeiçoando, aproximam-se da divindade.

3. O espírito, propriamente dito, é o princípio inteligente; sua natureza nos é desconhecida; para nós, ele é imaterial, porque não tem nenhuma analogia com o que chamamos matéria.

4. Os Espíritos são seres individuais; têm um envoltório etéreo, imponderável, chamado *perispírito*, espécie de corpo fluídico, tipo da forma humana. Eles povoam os espaços, que percorrem com a rapidez do relâmpago, e constituem o mundo invisível.

5. A origem e o modo de criação dos Espíritos nos são desconhecidos; apenas sabemos que foram criados *simples e ignorantes*, quer dizer, sem ciência e sem conhecimento do bem e do mal, mas, com igual aptidão para tudo, porque Deus, em sua justiça, não poderia isentar uns do trabalho que houvesse imposto aos outros para chegarem à perfeição. No princípio, estão numa espécie de infância, sem vontade própria, e sem consciência perfeita de sua existência.

6. O livre-arbítrio se desenvolve nos Espíritos ao mesmo tempo que as ideias, e Deus lhes disse: "Podeis todos pretender a felicidade suprema, quando houverdes adquirido os conhecimentos que vos faltam e cumprida a tarefa que eu vos imponho. Trabalhai, pois, para o vosso

adiantamento; eis o objetivo: vós o atingireis em seguindo as leis que gravei em vossa consciência."

Em consequência de seu livre-arbítrio, uns tomam o caminho mais curto, que é o do bem, outros o mais longo, que é o do mau.

7. Deus não criou o mal; estabeleceu leis, e essas leis são sempre boas, porque ele é soberanamente bom; aquele que as observasse fielmente seria perfeitamente feliz; mas os Espíritos, tendo seu livre arbítrio, nem sempre as observavam, e o mau resultou, para eles, de sua desobediência. Pode-se, pois, dizer que o bem é tudo o que está conforme com a lei de Deus e o mal tudo o que é contrário a essa mesma lei.

8. Para concorrer, como agentes do poder divino, à obra dos mundos materiais, os Espíritos revestem temporariamente um corpo material. Pelo trabalho que sua existência corpórea necessita, aperfeiçoam sua inteligência e adquirem, em observando a lei de Deus, os méritos que deverão conduzi-los à felicidade eterna.

9. A encarnação não é imposta ao Espírito, no princípio, como uma punição; ela é necessária ao seu desenvolvimento e ao cumprimento das obras de Deus, e todos devem suportá-la, tomem o caminho do bem ou do mal; somente aqueles que seguem a rota do bem, avançam mais depressa, estão menos longe para alcançarem o objetivo e aí chegarem em condições menos penosas.

10. Os Espíritos encarnados constituem a Humanidade, que não é circunscrita à Terra, mas que povoa todos os mundos disseminados no espaço.

11. A alma do homem é um Espírito encarnado. Para secundá-lo no cumprimento de sua tarefa, Deus lhe deu, como auxiliares, os animais que lhe são submissos e cuja inteligência e caráter são proporcionais às suas necessidades.

12. O aperfeiçoamento do Espírito é o fruto de seu próprio trabalho; não podendo, em uma só existência corpórea, adquirir todas as qualidades morais e intelectuais que devem conduzi-lo ao objetivo, ele o alcança por uma sucessão de existências, em cada uma das quais dá alguns passos para frente no caminho do progresso.

13. Em cada existência corpórea, o Espírito deve prover uma tarefa

proporcional ao seu desenvolvimento; quanto mais ela é rude e laboriosa, mais mérito tem em cumpri-la. Cada existência, assim, é uma prova que o aproxima do objetivo. O número dessas existências é indeterminado. Depende da vontade do Espírito abreviá-lo, trabalhando ativamente pelo seu aperfeiçoamento moral; do mesmo modo que depende da vontade do obreiro, que deve fornecer um trabalho, de abreviar o número de dias que emprega ao fazê-lo.

14. Quando uma existência foi mal empregada, é sem proveito para o Espírito, que deve recomeçar em condições mais ou menos penosas, em razão de sua negligência e de sua má vontade; assim é que, na vida, pode--se ser constrangido a fazer, no dia seguinte, o que não se fez na véspera, ou a refazer o que se fez mal.

15. A vida espiritual é a vida normal do Espírito: ela é eterna; a vida corpórea é transitória e passageira: não é senão um instante na eternidade.

16. No intervalo de suas existências corpóreas, o Espírito é *erran-te*. A erraticidade não tem duração determinada; nesse estado, o Espírito é feliz ou infeliz, segundo o bom ou o mau emprego que fez de sua última existência; ele estuda as causas que apressaram ou retardaram seu adiantamento; toma as resoluções que procurará pôr em prática na sua próxima encarnação e escolhe, ele mesmo, as provas que crê as mais próprias para seu adiantamento: mas, algumas vezes ele se engana, ou sucumbe não tendo como homem as resoluções que tomou como Espírito.

17. O Espírito culpado é punido por sofrimentos morais no mundo dos Espíritos, e por penas físicas na vida corpórea. Suas aflições são a consequência de suas faltas, quer dizer, de sua infração à lei de Deus; de sorte que são, ao mesmo tempo, uma expiação do passado e uma prova para o futuro: assim é que o orgulhoso pode ter uma existência de humilhação, o tirano uma de servidão, o mau rico uma de miséria.

18. Há mundos apropriados aos diferentes graus de adiantamento dos Espíritos, e onde a existência corpórea encontra-se em condições muito diferentes. Quanto menos o Espírito é avançado, mais os corpos que ele reveste são pesados e materiais; à medida que ele se purifica, passa para mundos superiores moral e fisicamente. A Terra não é nem o primeiro nem o último, mas é um dos mais atrasados.

19. Os Espíritos culpados estão encarnados nos mundos menos

avançados, onde expiam suas faltas pelas atribulações da vida material. Esses mundos são, para eles, verdadeiros purgatórios, mas de onde depende deles saírem, trabalhando pelo seu adiantamento moral. A Terra é um desses mundos.

20. Deus, sendo soberanamente justo e bom, não condena suas criaturas a castigos perpétuos por faltas transitórias; oferece-lhes, em todo o tempo, meios de progredir e de reparar o mal que puderam fazer. Deus perdoa, mas exige o arrependimento, a reparação e o retorno ao bem; de sorte que a duração do castigo é proporcional à persistência do Espírito no mal; que, por consequência, o castigo seria *eterno* para aquele que permanecesse eternamente no mau caminho; mas, desde que um clarão de arrependimento entre no coração do culpado, Deus estende sobre ele sua misericórdia. A eternidade das penas, assim, deve ser entendida no sentido relativo, e não no sentido absoluto.

21. Os Espíritos, em se encarnando, trazem com eles o que adquiriram em suas existências precedentes; é a razão pela qual os homens mostram, instintivamente, aptidões especiais, inclinações boas ou más que parecem inatas neles.

As más tendências naturais são os restos das imperfeições do Espírito, e das quais não está inteiramente despojado; são também os indícios das faltas que cometeu, e o verdadeiro *pecado original*. Em cada existência, deve-se lavar de algumas impurezas.

22. O esquecimento das existências anteriores, é um benefício de Deus que, em sua bondade, quis poupar ao homem as lembranças, o mais frequentemente, penosas. A cada nova existência, o homem é o que fez de si mesmo; é para ele um novo ponto de partida, conhece seus defeitos atuais; sabe que esses defeitos são as consequências daqueles que tinha; disso conclui o mal que pôde cometer, e isso lhe basta para trabalhar a fim de se corrigir. Se tinha outrora defeitos que não tem mais, nada tem a se preocupar com isso; ele tem muitas imperfeições presentes.

23. Se a alma jamais vivera, seria porque fora criada ao mesmo tempo que o corpo; nessa suposição, ela não pode ter nenhuma relação com aquelas que a precederam. Pergunta-se então como Deus, que é soberanamente justo e bom, pode tê-la tornado responsável da falta do pai do gênero humano, manchando-o com um pecado original que não cometeu. Em dizendo, ao contrário, que ela traz, em renascendo, o germe das imperfeições de suas existências anteriores; que ela sofre, na existência

atual, as consequências de suas faltas passadas, dá-se ao *pecado original*
uma explicação lógica, que cada um pode compreender e admitir, porque
a alma não é responsável senão pelas suas obras.

24. A diversidade das aptidões inatas, morais e intelectuais, é a
prova de que a alma já viveu; se houvesse sido criada ao mesmo tempo
que o corpo atual, não seria segundo a vontade de Deus fazer umas mais
avançadas que as outras. Por que os selvagens e os homens civilizados, os
bons e os maus, os tolos e as pessoas de espírito? Dizendo que uns viveram mais que os outros, e mais adquiriram, tudo se explica. (*)

25. Se a existência atual fosse única e só ela devesse decidir o futuro da alma para a eternidade, qual seria a sorte das crianças que morrem
em tenra idade? Não tendo feito nem bem nem mal, não merecem nem
recompensas nem punições. Segundo a parábola do Cristo, cada um sendo recompensado segundo suas obras, não tem direito à felicidade perfeita dos anjos, nem merece dela estar privado. Dizei que poderão, numa
outra existência, cumprir o que não fizeram naquela que foi abreviada, e
não haver mais exceção.

26. Pelo mesmo motivo, qual seria a sorte dos cretinos e dos idiotas? Não tendo nenhuma consciência do bem e do mal, não têm nenhuma responsabilidade de seus atos. Deus seria justo e bom tendo criado
almas estúpidas para lhes devotar uma existência miserável e sem compensação? Admiti, ao contrário, que a alma do cretino e do idiota, é um
Espírito em punição num corpo impróprio a dar seu pensamento, onde
está como um homem muito aprisionado por laços, e não tereis mais nada
que não esteja conforme à justiça de Deus.

27. Nas encarnações sucessivas, sendo o Espírito pouco a pouco
despojado de suas impurezas e aperfeiçoado pelo trabalho, chega ao fim
de suas existências corpóreas; pertence, então, à ordem dos *puros Espíritos* ou dos *anjos*, e goza, ao mesmo, tempo da vida completa de Deus e de
uma felicidade sem mácula pela eternidade.

28. Estando os homens em expiação na Terra, Deus, um bom pai,
não os deixou entregues a si mesmos, sem guias. Primeiro têm seus Espíritos protetores ou anjos guardiães, que velam sobre eles e se esforçam
para conduzi-los no bom caminho; têm, ainda, os Espíritos em missão

---

(*) Vide Nota Explicativa da Editora no final do livro.

na Terra, Espíritos superiores encarnados de tempos em tempos entre eles, para clarear o caminho pelos seus trabalhos e fazer a Humanidade avançar. Se bem que Deus haja gravado sua lei na consciência, acreditou devê-la formular de maneira explícita; enviou-lhes primeiro Moisés; mas as leis de Moisés eram apropriadas aos homens de seu tempo; não lhes falou senão da vida terrestre, de penas e de recompensas temporárias. O Cristo veio, em seguida, para completar a lei de Moisés por um ensinamento mais elevado: a pluralidade das existências (1), a vida espiritual, as penas e as recompensas morais. Moisés conduziu-os pelo temor, o Cristo pelo amor e pela caridade.

29. O Espiritismo, hoje melhor compreendido, acrescenta, para os incrédulos, a evidência à teoria; prova o futuro por fatos patentes; diz, em termos claros e inequívocos, o que o Cristo disse por parábolas; explica as verdades desconhecidas ou falsamente interpretadas; revela a existência do mundo invisível, ou dos Espíritos, e inicia o homem nos mistérios da vida futura; vem combater o materialismo, que é uma revolta contra o poder de Deus; enfim, vem estabelecer, entre os homens, o reino da caridade e da solidariedade anunciado pelo Cristo. Moisés lavrou, o Cristo semeou, o Espiritismo vem colher.

30. O Espiritismo não é uma luz nova, mas uma luz mais brilhante, porque surge de todos os pontos do globo, pela voz daqueles que viveram. Tornando evidente o que estava obscuro, põe fim às interpretações errôneas, e deve reunir os homens numa mesma crença, porque não há senão um só Deus, e suas leis são para todos; enfim, ele marca a era dos tempos preditos pelo Cristo e pelos profetas.

31. Os males que afligem os homens na Terra, têm por causa o orgulho, o egoísmo e todas as más paixões. Pelo contato de seus vícios, *os homens se tornam reciprocamente infelizes e se punem uns pelos outros.* Que a caridade e a humildade substitua o egoísmo e o orgulho, então não procurarão mais se prejudicarem; respeitarão os direitos de cada um, e farão reinar, entre eles, a concórdia e a justiça.

32. Mas como destruir o egoísmo e o orgulho que parecem inatos no coração do homem? O egoísmo e o orgulho estão no coração do homem, porque os homens são Espíritos que seguiram, desde o princípio, o caminho do mal, e que foram exilados na Terra em punição desses

---

(1) Evangelho de São Mateus, Cap. XVII, v. 10 e seguintes. São João, Cap. III, v. 2 e seguintes.

mesmos vícios; aí está ainda seu pecado original, do qual muitos não se despojaram. Pelo Espiritismo, Deus vem fazer um último apelo à prática da lei ensinada pelo Cristo: a lei de amor e da caridade.

33. Tendo a Terra chegado ao tempo marcado para se tornar uma morada de felicidade e de paz, Deus não quer que os maus Espíritos encarnados continuem aí para levar a perturbação aos bons; por isso deverão desaparecer. Irão expiar seu endurecimento em mundos menos avançados onde trabalharão de novo para seu aperfeiçoamento, numa série de existências mais infelizes e mais penosas ainda que na Terra.

Formarão, nesses mundos, uma nova raça esclarecida e cuja tarefa será fazer progredir os seres atrasados que os habitam, com a ajuda de seus conhecimentos adquiridos. Daí não sairão para um mundo melhor senão quando tiverem merecimento, e assim por diante, até que atinjam a purificação completa. Se a Terra era para eles um purgatório, esses mundos serão seu inferno, mas um inferno de onde a esperança jamais está banida.

34. Ao passo que a geração proscrita vai desaparecer rapidamente, uma nova geração se eleva cujas crenças serão fundadas sobre o *Espiritismo cristão*. Assistimos à transição que se opera, prelúdio da renovação moral da qual o Espiritismo marca o advento. (*)

# Máximas extraídas do ensinamento dos Espíritos

35. O objetivo essencial do Espiritismo é o adiantamento dos homens. Não é necessário procurar senão o que pode ajudar ao progresso moral e intelectual.

36. O verdadeiro Espírita não é aquele que crê nas manifestações, mas aquele que aproveita o ensinamento dado pelos Espíritos. De nada serve crer, se a crença não o faz dar um passo à frente no caminho do progresso, e não o torna melhor para o seu próximo.

37. O egoísmo, o orgulho, a vaidade, a ambição, a cupidez, o ódio, a inveja, o ciúme, a maledicência, são para a alma ervas venenosas da

---

(*) Vide Nota Explicativa da Editora no final do livro.

qual é necessário cada dia arrancar algum pé e que têm, como antídoto: a *caridade* e a *humildade*.

38. A crença no Espiritismo não é aproveitável senão àquele que se pode dizer: Valho melhor hoje que ontem.

39. A importância que o homem dá aos bens temporais está na razão inversa de sua fé na vida espiritual; é a dúvida sobre o futuro que leva-o a procurar suas alegrias nesse mundo, satisfazendo suas paixões, inclusive às expensas de seu próximo.

40. As aflições na Terra são os remédios da alma; elas a salvam para o futuro como uma operação cirúrgica dolorosa salva a vida de um doente e lhe devolve a saúde. Por isso o Cristo disse: "Bem-aventurados os aflitos, porque serão consolados."

41. Nas vossas aflições, olhai abaixo de vós e não acima; pensai naqueles que sofrem ainda mais que vós.

42. O desespero é natural naquele que crê que tudo acaba com a vida do corpo; é um contrassenso naquele que tem fé no futuro.

43. O homem, frequentemente, é o artífice de sua própria infelicidade neste mundo; que ele remonte à fonte de seus infortúnios, e verá que são, para a maioria, o resultado de sua imprevidência, de seu orgulho, de sua avidez, e, por conseguinte, de sua infração à lei de Deus.

44. A prece é um ato de adoração. Orar a Deus é pensar nele; é aproximar-se dele; é pôr-se em comunicação com ele.

45. Aquele que ora com fervor e confiança é mais forte contra as tentações do mal, e Deus lhe envia os bons Espíritos para ajudá-lo. É um socorro que jamais é recusado quando pedido com sinceridade.

46. O essencial não é muito orar, mas orar bem. Certas pessoas creem que todo o mérito está no tamanho da prece, ao passo que elas fecham os olhos sobre seus próprios defeitos. A prece é para elas uma ocupação, um emprego do tempo mas não um estudo de si mesmas.

47. Aquele que pede a Deus o perdão de suas faltas, não o obtêm senão mudando de conduta. As boas ações são a melhor das preces, porque os atos valem mais que as palavras.

48. A prece é recomendada por todos os bons Espíritos; ela é, por

outro lado, pedida por todos os Espíritos imperfeitos como um meio de aliviar seus sofrimentos.

49. A prece não pode mudar os decretos da Providência; mas, em vendo que se interessa por eles, os Espíritos sofredores sentem-se menos abandonados; são menos infelizes; ela aumenta sua coragem, excita neles o desejo de se elevar pelo arrependimento e a reparação, e pode desviá-los do pensamento do mal. É nesse sentido que ela pode não somente aliviar, mas abreviar seus sofrimentos.

50. Orai, cada um, segundo suas convicções e o modo que creais o mais conveniente, porque a forma não é nada, o pensamento é tudo; a sinceridade e pureza de intenção são essenciais; um bom pensamento vale mais que numerosas palavras, que se assemelham ao ruído de um moinho e onde o coração não está em nada.

51. Deus fez homens fortes e poderosos para serem o sustentáculo dos fracos; o forte que oprime o fraco é maldito de Deus; frequentemente, disso recebe o castigo nesta vida, sem prejuízo do futuro.

52. A fortuna é um depósito do qual o possuidor não tem senão que usufrui-lo, *uma vez que não o carrega com ele no túmulo*; ele prestará uma conta severa do emprego que houver feito dele.

53. A fortuna é uma prova mais difícil que a miséria porque é uma tentação para o abuso e os excessos, e é mais difícil ser moderado que ser resignado.

54. O ambicioso que triunfa e o rico que se farta de gozos materiais são mais a lamentar do que a invejar, porque é necessário ver o retorno. O Espiritismo, pelos terríveis exemplos daqueles que viveram e que vêm revelar sua sorte, mostra a verdade desta palavra do Cristo: "Quem se eleva será rebaixado, e qualquer que se abaixe será elevado."

55. A caridade é a lei suprema do Cristo: "Amai-vos uns aos outros como irmãos; amai vosso próximo como a vós mesmos; perdoai os vossos inimigos; não façais a outrem o que não gostaríeis que vos fizésseis"; tudo isso se resume na palavra *caridade*.

56. A caridade não está somente na esmola, porque há caridade em pensamentos, em palavras e em atos. Aquela é caridade em pensamentos, que é indulgente para com as faltas de seu próximo; caridade em pala-

vras, que não diz nada que possa prejudicar o seu próximo; caridade em ações, que assiste seu próximo na medida de suas forças.

57. O pobre que reparte seu pedaço de pão com um mais pobre do que ele, é mais caridoso e tem mais mérito aos olhos de Deus que aquele que dá de seu supérfluo, sem de nada se privar.

58. Quem nutre contra seu próximo sentimentos de animosidade, de ódio, de ciúme e de rancor, não é caridoso; ele mente e se diz cristão, e ofende a Deus.

59. Homens de todas as castas, de todas as seitas, e de todas as cores, todos sois irmãos, porque Deus vos chama a todos para ele; estendei-vos, pois, a mão, qualquer que seja a vossa maneira de adorá-lo e não lanceis anátema, porque o anátema é a violação da lei de caridade proclamada pelo Cristo. (*)

60. Com o egoísmo, os homens estão em luta perpétua; com a caridade, estarão em paz. A caridade, fazendo a base de suas instituições, só ela pode, pois, assegurar sua felicidade neste mundo; segundo as palavras do Cristo, só ela pode também assegurar sua felicidade futura, porque encerra, implicitamente, todas as virtudes que podem conduzi-los à perfeição. Com a verdadeira caridade, tal qual ensinou e praticou o Cristo, não mais de egoísmo, de orgulho, de ódio, de ciúme, de maledicência; não mais de agarramento desordenado aos bens deste mundo. Por isso o *Espiritismo cristão* tem por máxima: FORA DA CARIDADE NÃO HÁ SALVAÇÃO.

Incrédulos! Podeis rir dos Espíritos, zombar daqueles que creem em suas manifestações; ride, pois, se ousais, dessa máxima que ele acaba de ensinar e que é a vossa própria salvaguarda, porque se a caridade desaparecesse de cima da Terra, os homens se dilacerariam mutuamente, e seríeis deles, talvez, as primeiras vítimas. Não está longe o tempo em que esta máxima, proclamada abertamente em nome dos Espíritos será uma prova de segurança, e um título de confiança em todos aqueles que a carregarão gravada em seu coração.

Um Espírito disse: "Zombe-se das mesas girantes; não se zombará jamais da filosofia e da moral que delas decorrem." É que, com efeito, hoje estamos longe, depois de apenas alguns anos, desses primeiros fenô-

_____

(*) Vide Nota Explicativa da Editora no final do livro.

menos que serviram um instante de distração aos ociosos e aos curiosos. Essa moral, dizeis, é antiquada: "Os Espíritos deveriam ter bastante espírito para nos dar alguma coisa de nova." (Frase espirituosa de mais de um crítico). Tanto melhor! Se ela é antiquada, isso prova que é de todos os tempos, e os homens não são senão culpados por não tê-la praticado, porque não há verdades verdadeiras senão aquelas que são eternas. Os Espíritos vêm vos chamar, não por uma revelação isolada feita a um único homem, mas pela voz dos próprios Espíritos que, semelhante à trombeta final, vêm proclamar-vos: "Crede que aqueles que chamais mortos, estão mais vivos que vós, porque eles veem o que não vedes, ouvem o que não ouvis; reconhecei, naqueles que vêm vos falar, vossos pais, vossos amigos, e todos aqueles que amastes na Terra e que acreditáveis perdidos sem retorno; infelizes aqueles que creem que tudo acaba com o corpo, porque serão cruelmente desenganados, infelizes aqueles que tiverem falta de caridade, porque sofrerão o que tiverem feito os outros sofrerem! Escutai a voz daqueles que sofrem e que vêm vos dizer: "Nós sofremos por termos desconhecido o poder de Deus e duvidado de sua misericórdia infinita; sofremos de nosso orgulho, de nosso egoísmo, de nossa avareza e todas as más paixões que não reprimimos; sofremos de todo o mal que fizemos aos nossos semelhantes pelo esquecimento da caridade".

Incrédulos! Dizei se uma doutrina que ensina semelhantes coisas é risível, se é boa ou má! Não encarando-a senão do ponto de vista da ordem social, dizei se os homens que a praticassem seriam felizes ou infelizes, melhores ou maus!

# Resumo da Lei
## dos
# Fenômenos Espíritas

POR

*Allan Kardec*

# Observações preliminares

As pessoas alheias ao Espiritismo, não lhe compreendendo nem os objetivos nem os fins, dele fazem, quase sempre, uma ideia, completamente falsa. O que lhe falta, sobretudo, é o conhecimento do princípio, a chave primeira dos fenômenos; à falta disso, o que veem e o que ouvem é sem proveito e mesmo sem interesse para elas. A experiência tem demonstrado que apenas a visão ou o relato dos fenômenos não bastam para convencer. Aquele mesmo que é testemunha de fatos capazes de confundirem, fica mais espantado do que convencido; quanto mais o efeito parece extraordinário, mais dele se suspeita. Somente um estudo prévio sério pode conduzir à convicção; frequentemente, basta para mudar inteiramente o curso das ideias. Em todos os casos, é indispensável para compreensão dos mais simples fenômenos. À falta de uma instrução completa, um resumo sucinto da lei que rege as manifestações bastará para fazer considerar as coisas sob seu verdadeiro aspecto, para as pessoas que nela ainda não estão iniciadas. É o primeiro passo que damos na pequena instrução adiante.

Esta instrução foi feita, sobretudo, tendo em vista as pessoas que não possuem nenhuma noção do Espiritismo. Nos grupos ou reuniões espíritas, onde se encontrem assistentes noviços, pode servir, utilmente, de preâmbulo às sessões, segundo as necessidades.

# I – Dos Espíritos

1. O Espiritismo é, ao mesmo tempo, uma ciência de observação e uma doutrina filosófica. Como ciência prática, consiste nas relações que se podem estabelecer com os Espíritos; como filosofia, compreende todas as consequências morais que decorrem dessas relações.

2. Os Espíritos não são, como frequentemente se imagina, seres à parte na criação; são as almas daqueles que viveram sobre a Terra ou em outros mundos. As almas ou Espíritos são, pois, uma única e mesma coisa; de onde se segue que quem crê na existência da alma crê, por isso mesmo, na dos Espíritos. Negar os Espíritos seria negar a alma.

3. Geralmente, se faz uma ideia muito falsa do estado dos Espíritos; eles não são, como alguns o creem, seres vagos e indefinidos, nem chamas como os fogos fátuos, nem fantasmas como nos contos de assombração. São seres semelhantes a nós, tendo um corpo igual ao nosso, mas fluídico e invisível no estado normal.

4. Quando a alma está unida ao corpo, durante a vida, ela tem duplo envoltório: um pesado, grosseiro e destrutível, que é o corpo; outro fluídico, leve e indestrutível, chamado *perispírito*. O perispírito é o laço que une a alma e o corpo; é por seu intermédio que a alma faz o corpo agir, e percebe as sensações experimentadas pelo corpo.

A união da alma, do perispírito e do corpo material constitui o *homem*; a alma e o perispírito separados do corpo constituem o ser chamado *Espírito*.

5. A morte é a destruição do envoltório corporal; a alma abandona esse envoltório como troca a roupa usada, ou como a borboleta deixa sua crisálida; mas conserva seu corpo fluídico ou perispírito.

A morte do corpo livra o Espírito do envoltório que o prendia à

Terra e o fazia sofrer; uma vez livre desse fardo, não tem senão seu corpo etéreo que lhe permite percorrer o espaço e vencer as distâncias com a rapidez do pensamento.

6. Os Espíritos povoam o espaço; eles constituem o mundo invisível que nos rodeia, no meio do qual vivemos, e com o qual estamos, sem cessar, em contato.

7. Os Espíritos têm todas as percepções que tinham na Terra, mas num mais alto grau, porque suas faculdades não estão mais amortecidas pela matéria; têm sensações que nos são desconhecidas; veem e ouvem coisas que nossos sentidos limitados não nos permitem nem ver e nem ouvir. Para eles não há obscuridade, salvo para aqueles cuja punição é estar temporariamente nas trevas. Todos os nossos pensamentos repercutem neles, que os leem como em um livro aberto; de sorte que aquilo que podemos ocultar a alguém vivo, não poderemos mais desde que seja um Espírito.

8. Os Espíritos conservam as afeições sérias que tiveram na Terra; eles se comprazem em voltar para junto daqueles que amaram, sobretudo, quando são atraídos por pensamentos e sentimentos afetuosos que lhes dirigem, ao passo que são indiferentes para com aqueles que não lhes têm senão a indiferença.

9. Uma ideia quase geral entre as pessoas que não conhecem o Espiritismo é crer que os Espíritos, somente porque estão livres da matéria, tudo devem saber e possuírem a soberana sabedoria. Aí está um erro grave.

Os Espíritos, não sendo senão as almas dos homens, não adquirem a perfeição deixando seu envoltório terrestre. O progresso do Espírito não se realiza senão com o tempo, e não é senão sucessivamente que ele se despoja de suas imperfeições, que adquire os conhecimentos que lhe faltam. Seria tão ilógico admitir que o Espírito de um selvagem ou de um criminoso se torne, de repente, sábio e virtuoso, quanto seria contrário à justiça de Deus pensar que ele permanecesse perpetuamente na inferioridade.

Como há homens de todos os graus de saber e de ignorância, de bondade e de maldade, ocorre o mesmo com os Espíritos. Há os que são apenas leviano e traquinas, outros são mentirosos, trapaceiros, hipócritas, maus, vingativos; outros, ao contrário, possuem as mais sublimes virtudes e o saber num grau desconhecido na Terra. Essa diversidade na qualidade dos Espíritos é um dos pontos mais importantes a se considerar, porque explica a natureza boa ou má das comunicações que se recebem; é em distingui-las que é preciso, sobretudo, se aplicar. (*O Livros dos Espíritos*, nº 100, *Escala Espírita.* – *O Livro dos Médiuns*, cap. XXIV.)

# II – Manifestações dos Espíritos

10. Os Espíritos podem se manifestar de maneiras bem diferentes: pela visão, pela audição pelo toque, pelos ruídos, pelos movimentos dos corpos, pela escrita, pelo desenho, pela música, etc. Eles se manifestam por intermédio de pessoas dotadas de uma aptidão especial para cada gênero de manifestação, e que se distinguem sob o nome de *médiuns*. É assim que se distinguem os médiuns videntes, falantes, audientes, sensitivos, de efeitos físicos, desenhistas, tiptólogos, escreventes, etc. Entre os médiuns escreventes, há numerosas variedades, segundo a natureza das comunicações que estão aptos a receber.

11. O fluido que compõe o perispírito penetra todos os corpos e os atravessa como a luz atravessa os corpos transparentes; nenhuma matéria lhe opõe obstáculo. É por isso que os Espíritos penetram por toda a parte, nos lugares o mais hermeticamente fechados; é uma ideia ridícula crer-se que eles se introduzem por uma pequena abertura, como o buraco de uma fechadura ou o tubo de uma chaminé.

12. O perispírito, embora invisível para nós no estado normal, não deixa de ser matéria etérea. O Espírito pode, em certos casos, fazê-lo sofrer uma espécie de modificação molecular que o torna visível e mesmo tangível; assim é que se produzem as aparições. Esse fenômeno não é mais extraordinário do que o do vapor que é invisível quando está mais rarefeito, e que se torna visível quando está condensado.

Os Espíritos que se tornam visíveis se apresentam, quase sempre, sob a aparência que tinham quando vivos e que podem fazê-los reconhecer.

13. É com a ajuda do seu perispírito, que o Espírito atua sobre seu corpo vivo; é ainda com esse mesmo fluido que ele se manifesta atuando

sobre a matéria inerte, que produz os ruídos, os movimentos de mesas e outros objetos, que ergue, tomba ou transporta. Esse fenômeno nada tem de surpreendente se se considera que, entre nós, os mais poderosos motores se acham nos fluidos os mais rarefeitos e mesmo imponderáveis, como o ar, o vapor e a eletricidade.

É igualmente com a ajuda do seu perispírito que o Espírito faz os médiuns escreverem, falarem, ou desenharem; não tendo mais corpo tangível para atuar ostensivamente quando quer se manifestar, ele se serve do corpo do médium, de quem empresta os órgãos que faz atuarem como se fosse seu próprio corpo, e isso pela emanação fluídica que derrama sobre ele.

14. No fenômeno designado sob o nome de *mesas girantes ou falantes*, é pelo mesmo meio que o Espírito atua sobre a mesa, seja para fazê-la mover sem significação determinada, seja para fazê-la dar golpes inteligentes indicando as letras do alfabeto, para formar palavras e frases, fenômeno designado sob o nome de *tiptologia*. A mesa não é aqui senão um instrumento do qual ele se serve, como o faz com o lápis para escrever; lhe dá uma vitalidade momentânea pelo fluido com o qual a penetra, mas ele não se identifica com ela. As pessoas que, em sua emoção, vendo se manifestar um ser que lhes é caro, abraçam a mesa, praticam um ato ridículo, porque é absolutamente como se elas abraçassem o bastão do qual um amigo se serve para dar pancadas. Ocorre o mesmo com aqueles que dirigem a palavra à mesa, como se o Espírito estivesse encerrado na madeira, e como se a madeira tivesse se tornado espírito.

Quando as comunicações ocorrem por esse meio, é preciso imaginar o Espírito não na mesa, mas ao lado, *tal como estaria se estivesse vivo*, e tal como se o veria se, nesse momento, pudesse se tornar visível. A mesma coisa ocorre nas comunicações pela escrita; ver-se-ia o Espírito ao lado do médium, dirigindo sua mão, ou lhe transmitindo o seu pensamento por uma corrente fluídica.

15. Quando a mesa se destaca do solo e flutua no espaço sem ponto de apoio, o Espírito não a ergue a com força do braço, mas a envolve e a penetra com uma espécie de atmosfera fluídica que neutraliza o efeito da gravitação, como o ar o faz para os balões e os papagaios de papel. O fluido do qual está penetrada lhe dá, momentaneamente, uma leveza específica maior. Quando ela está pregada no solo, está num caso análogo

ao da campana pneumática sob a qual se faz o vácuo. Estas não são senão comparações para mostrar a analogia dos efeitos, e não a similitude absoluta das causas.

Compreende-se, depois disso, que não é mais difícil ao Espírito erguer uma pessoa do que erguer uma mesa, de transportar um objeto de um lugar para outro ou de lançá-lo em qualquer parte; esse fenômenos se produzem pela mesma lei.

Quando a mesa persegue alguém, não é o Espírito que passeia, porque ele pode permanecer tranquilamente no mesmo lugar, mas é quem lhe dá impulso por uma corrente fluídica com a ajuda da qual a faz mover-se à sua vontade.

Quando os golpes se fazem ouvir na mesa ou fora dela, o Espírito não bate com a sua mão, nem com um objeto qualquer; dirige sobre o ponto de onde parte o ruído, um jato de fluido que produz o efeito de um choque elétrico. Ele modifica o ruído, como se podem modificar os sons produzidos pelo ar.

16. A obscuridade necessária à produção de certos efeitos *físicos,* sem dúvida, se presta à suspeição e à fraude, mas nada prova contra a possibilidade do fato. Sabe-se que, na química, há combinações que não se podem operar sob a luz; que composições e decomposições ocorrem sob a ação do fluido luminoso; ora, sendo todos os fenômenos espíritas o resultado da combinação dos fluidos próprios do Espírito e do médium, e esses fluidos sendo da matéria, nada há de espantoso de que, em certos casos, o fluido luminoso seja contrário a essa combinação.

17. Os Espíritos superiores não se ocupam das comunicações inteligentes senão tendo em vista a nossa instrução; as manifestações físicas ou puramente materiais, estão mais especialmente nas atribuições dos Espíritos inferiores, vulgarmente designados sob o nome de *Espíritos batedores,* como, entre nós, as habilidades dizem respeito aos saltimbancos e não aos sábios.

18. Os Espíritos são livres; se manifestam quando querem, a quem lhes convêm, e também quando podem, porque não têm sempre a possibilidade. *Eles não estão às ordens e ao capricho de quem quer que seja, e não é dado a ninguém fazer com que venham contra sua vontade, nem fazê-los dizer o que querem calar;* de sorte que ninguém pode afirmar que um Espírito qualquer virá ao seu chamado em um momento deter-

minado, ou responderá a tal ou tal pergunta. Dizer o contrário, é provar ignorância absoluta dos princípios mais elementares do Espiritismo; *só o charlatanismo tem fontes infalíveis.*

19. Há pessoas que obtêm regularmente, e de alguma forma à vontade, a produção de certos fenômenos; mas, há que se anotar que esses são sempre efeitos puramente físicos, mais curiosos do que instrutivos, e que se produzem constantemente em condições análogas. As circunstâncias nas quais são obtidos, são de natureza a inspirarem dúvidas, tanto mais legítimas sobre sua realidade quando são geralmente objetos de uma exploração, e, frequentemente, quando é difícil distinguir a mediunidade real da prestidigitação. Os fenômenos desse gênero, entretanto, podem ser o produto de uma mediunidade verdadeira, porque pode ocorrer que Espíritos de baixo estágio, que talvez tinham tido esse ofício, se comprazam nessas espécies de exibições; mas seria absurdo pensar que os Espíritos, por pouca que seja sua elevação, se alegrem em se exibirem.

Isso não infirma em nada o princípio da liberdade dos Espíritos; aqueles que vêm, o fazem *porque isso lhes agrada,* mas não porque sejam constrangidos, e do momento que não lhes convenha mais vir, se o indivíduo for verdadeiro médium, nenhum efeito se produzirá. Os mais poderosos médiuns de efeitos físicos ou outros, têm tempos de interrupção, independentemente de sua vontade; os charlatães não os têm jamais.

De resto, esses fenômenos, supondo-os reais, são apenas uma aplicação *muito parcial* da lei que rege as relações do mundo corporal com o mundo espiritual, mas *não constituem o Espiritismo;* de sorte que sua negação não infirmaria em nada os princípios gerais da Doutrina.

20. Certas manifestações espíritas se prestam, bem facilmente, a uma imitação mais ou menos grosseira; mas do fato de que puderam ser explorados, como tantos outros fenômenos, pela charlatanice e pela prestidigitação, seria absurdo disso concluir que elas não existam. Para aquele que estudou e conhece as condições normais nas quais elas podem se produzir, é fácil distinguir a imitação da realidade; a imitação, de resto, não poderia jamais ser completa e não pode enganar senão o ignorante incapaz de apreender as nuanças características do fenômeno verdadeiro.

21. As manifestações mais fáceis de serem imitadas, são certos efeitos físicos, e os efeitos inteligentes vulgares, tais como os movimentos, as pancadas, os transportes, a escrita direta, as respostas banais, etc; não ocorre o mesmo com as comunicações inteligentes de uma alta importância, ou na revelação de coisas notoriamente desconhecidas do médium; para imitar os primeiros não é preciso senão a destreza; para simular os outros é preciso, quase sempre, uma instrução pouco comum, uma superioridade intelectual fora de série e uma faculdade de improvisação, por assim dizer, universal, ou o dom da adivinhação.

22. As produções de espectros nos teatros foram apresentadas, injustamente, como tendo relações com a aparição de Espíritos, das quais são apenas uma grosseira e imperfeita imitação. É preciso ignorar os primeiros elementos do Espiritismo para ver nisso a menor analogia, e crer que é disso que se ocupa nas reuniões espíritas. Os Espíritos não se tornam visíveis ao comando de ninguém, mas por sua própria vontade, nas condições especiais que não estão no poder de quem quer que seja provocar.

23. As evocações espíritas não consistem, como alguns imaginam, em fazer voltar os mortos com um aspecto lúgubre da tumba. Não é senão nos romances, nos contos fantásticos de fantasmas e no teatro que se veem os mortos descarnados saírem de seus sepulcros vestidos de lençóis e fazendo estalar seus ossos. O Espiritismo, que jamais fez milagres, tanto esse como outros, jamais fez reviver um corpo morto; quando o corpo está na cova, aí está definitivamente; mas o ser espiritual, fluídico, inteligente, aí não está metido com seu envoltório grosseiro; dele se separou no momento da morte, e uma vez operada a separação não tem mais nada de comum com ele.

24. A crítica malevolente procura representar as comunicações espíritas como cercadas de práticas ridículas e supersticiosas da magia e da necromancia. Diremos simplesmente que não há, para se comunicar com os Espíritos, nem dias, nem horas, nem lugares mais propícios uns do que os outros; que não é preciso para evocá-los, nem fórmulas, nem palavras sacramentais ou cabalísticas; e não há necessidade de nenhuma preparação, de nenhuma iniciação; que o emprego de qualquer sinal ou objeto material, seja para atraí-los, seja para afastá-los, não tem efeito e o pensamento basta; enfim, que os médiuns recebem suas comunicações

tão simplesmente e tão naturalmente como se fossem ditadas por uma pessoa viva, sem sair do estado normal. Só o charlatanismo poderia tomar maneiras excêntricas e adicionar acessórios ridículos.

A evocação dos Espíritos se faz em nome de Deus, com respeito e recolhimento; é a única coisa recomendada às pessoas sérias que querem ter relações com Espíritos sérios.

25. As comunicações inteligentes, que se recebem dos Espíritos, podem ser boas ou más, justas ou falsas, profundas ou levianas, segundo a natureza dos Espíritos que se manifestam. Os que provam a sabedoria e o saber são Espíritos avançados que progrediram; os que provam a ignorância e as más qualidades, são Espíritos ainda atrasados, mas que progredirão com o tempo.

Os Espíritos não podem responder senão sobre o que sabem, segundo seu adiantamento, e, ademais, sobre o que lhes é permitido dizer, porque há coisas que não devem revelar, uma vez que ainda não é dado ao homem tudo conhecer.

26. Da diversidade nas qualidades e nas aptidões dos Espíritos, resulta que não basta se dirigir a um Espírito qualquer para obter uma resposta justa a toda pergunta, porque, sobre muitas coisas, não podem dar senão a *sua opinião pessoal,* que pode ser justa ou falsa. Se ele for sábio, confessará a sua ignorância sobre o que não sabe; se for leviano ou mentiroso, responderá sobre tudo sem se importar com a verdade; se for orgulhoso, dará a sua ideia como verdade absoluta. Haveria, pois, imprudência e leviandade em aceitar, sem controle, tudo o que vem dos Espíritos. Por isso, é essencial estar esclarecido quanto à natureza daqueles com os quais se ocupe. (O *Livro dos Médiuns,* nº 257.)

27. Reconhece-se a qualidade dos Espíritos por sua linguagem; a dos Espíritos verdadeiramente bons e superiores é sempre digna, nobre, lógica, isenta de contradições; anuncia a sabedoria, a benevolência, a modéstia e a mais pura moral; é concisa e sem palavras inúteis. Entre os Espíritos inferiores, ignorantes ou orgulhosos, o vazio das ideias, quase sempre, é compensado pela abundância das palavras. Todo pensamento evidentemente falso, toda a máxima contrária à sã moral, todo conselho ridículo, toda expressão grosseira, trivial ou simplesmente frívola, enfim, toda marca de malevolência, de presunção ou de arrogância, são sinais incontestáveis de inferioridade em um Espírito.

28. O objetivo providencial das manifestações, é convencer os incrédulos de que tudo não termina, para o homem, com a vida terrestre, e de dar os crentes ideias mais justas sobre o futuro. Os bons Espíritos vêm nos instruir tendo em vista o nosso melhoramento e o nosso adiantamento, e não para nos revelar o que não devemos ainda saber, ou o que não devemos aprender senão pelo nosso trabalho. Se bastasse interrogar os Espíritos, para se obter a solução de todas as dificuldades científicas, ou para fazer descobertas e invenções lucrativas, todo ignorante poderia tornar-se sábio facilmente, e todo preguiçoso poderia se enriquecer sem esforço; é o que Deus não quer. Os Espíritos ajudam o homem de gênio pela inspiração oculta, mas não o isentam nem do trabalho das pesquisas, a fim de deixar-lhe o mérito.

29. Seria fazer uma ideia bem falsa dos Espíritos vendo neles apenas os auxiliares dos ledores de sorte; os Espíritos sérios recusam-se ocupar de coisas fúteis; os Espíritos levianos e zombeteiros se ocupam de tudo, respondem a tudo, *predizem tudo o que se quer*, sem se inquietarem com a verdade, e sentem um prazer maligno ao mistificarem as pessoas muito crédulas; é por isso que é essencial estar perfeitamente fixado sobre a natureza das perguntas que se podem dirigir aos Espíritos. (*O Livro dos Médiuns*, nº 286: Perguntas que se podem dirigir aos Espíritos)

30. As manifestações não estão, pois, destinadas a servirem aos interesses materiais, cujo cuidado está entregue à inteligência, ao discernimento e à atividade do homem. Seria em vão que tentar-se-ia empregá-las para conhecer o futuro, descobrir tesouros ocultos, recuperar heranças, ou encontrar meios de se enriquecer. Sua utilidade está nas consequências morais que dela decorrem; mas se não tivessem por resultado senão fazer conhecer uma nova lei da Natureza, de demonstrar, materialmente, a existência da alma e sua imortalidade, isso já seria muito, porque seria um novo e largo caminho aberto à filosofia.

31. Pode-se ver, por essas poucas palavras, que as manifestações espíritas, de qualquer natureza que sejam, nada têm de sobrenatural nem de maravilhoso. São fenômenos que se produzem em virtude da lei que rege as relações do mundo corporal e do mundo espiritual, lei também tão natural como a da eletricidade, da gravidade, etc. O Espiritismo é a ciência que nos faz conhecer essa lei, como a mecânica nos faz conhecer

a lei do movimento, a ótica a da luz. As manifestações espíritas, estando na Natureza, produziram-se em todas as épocas; a lei que as rege, sendo conhecida, nos explica uma série de problemas considerados insolúveis; é a chave de uma multidão de fenômenos explorados e aumentados pela superstição.

32. Estando o maravilhoso completamente descartado, esses fenômenos nada mais têm que repugne à razão, porque vêm tomar lugar ao lado dos outros fenômenos naturais. Nos tempos da ignorância, todos os efeitos dos quais não se conhecia a causa eram reputados sobrenaturais; as descobertas da ciência restringiram sucessivamente o círculo do maravilhoso; o conhecimento dessa nova lei veio reduzi-lo a nada. Aqueles, pois, que acusam o Espiritismo de ressuscitar o maravilhoso, provam, por isso mesmo, que falam de uma coisa que não conhecem.

# III – Dos médiuns

33. O médium não possui senão a faculdade de se comunicar; a comunicação efetiva depende da vontade dos Espíritos. Se os Espíritos não querem se manifestar, o médium nada obtém; é como um instrumento sem músico.

34. A facilidade das comunicações depende do grau de *afinidade* que existe entre os fluidos do médium e do Espírito. Cada médium está, assim, mais ou menos apto para receber a *impressão* ou *impulso* do pensamento de tal ou tal Espírito; ele pode ser um bom instrumento para um e mau para um outro. Disso resulta que, dois médiuns igualmente bem dotados, estando um ao lado do outro, um Espírito poderá se manifestar por um e não pelo outro.

É, pois, um erro crer que basta ser médium para receber com igual facilidade as comunicações de todo Espírito. Não existem médiuns universais. Os Espíritos procuram, de preferência, os instrumentos que vibrem em uníssono com eles.

Sem a harmonia, que só a assimilação fluídica pode proporcionar, as comunicações são impossíveis, incompletas ou falsas. Podem ser falsas porque, à falta do Espírito desejado, não faltam outros, prontos para aproveitarem a ocasião de se manifestarem, e que pouco se importam em dizer a verdade.

35. Um dos maiores escolhos da mediunidade, é a *obsessão,* quer dizer, o império que certos Espíritos podem exercer sobre os médiuns, impondo-se a eles sob nomes apócrifos e impedindo-os de se comunicarem com outros Espíritos.

36. O que constitui o médium, propriamente dito, é a faculdade; sob esse aspecto, ele pode estar mais ou menos formado, mais ou menos

desenvolvido. O que constitui o médium *seguro*, o que se pode verdadeiramente qualificar de *bom médium*, é a aplicação da faculdade, a aptidão de servir de intérprete dos bons Espíritos. (*O Livro dos Médiuns*, cap. XXIII.)

37. A mediunidade é uma faculdade essencialmente móvel e fugidia, pela razão de estar subordinada à vontade dos Espíritos; por isso é que está sujeita a intermitências. Esse motivo, e o princípio mesmo segundo o qual se estabelece a comunicação, são os obstáculos a que se torne uma profissão lucrativa, uma vez que não poderia ser nem permanente, nem aplicável a todos os Espíritos, e porque poderia faltar no momento em que dela se tivesse necessidade. Aliás, não é racional admitir que os Espíritos *sérios* se coloquem à disposição da primeira pessoa que os queira explorar.

38. A propensão dos incrédulos, geralmente, é suspeitar da boa fé dos médiuns, e supor o emprego de meios fraudulentos. Além de que, no entendimento de certas pessoas essa suposição é injuriosa, é preciso, antes de tudo, perguntar qual interesse poderiam eles ter para enganarem e divertirem ou representarem a comédia. A melhor garantia de sinceridade está no desinteresse absoluto, porque aí onde nada tem a ganhar, o charlatanismo não tem razão de ser.

Quanto à realidade dos fenômenos, cada um pode constatá-la, se se coloca nas condições favoráveis, e se aplica a paciência na observação dos fatos, a perseverança e a imparcialidade necessária.

# IV – Das Reuniões Espíritas

39. Os Espíritos são atraídos pela simpatia, a semelhança dos gostos e de caracteres, a intenção que faz desejar a sua presença. Os Espíritos superiores não vão às reuniões fúteis, do mesmo modo que um sábio da Terra não iria numa assembleia de jovens estouvados. O simples bom senso diz que não pode ser de outra forma; ou, se aí vão algumas vezes, é para dar um conselho salutar, combater os vícios, procurar conduzir para o bom caminho; se não são escutados, retiram-se. Seria ter uma ideia completamente falsa, crer que os Espíritos sérios possam se comprazer em responder a futilidades, a perguntas ociosas que não provam nem afeição, nem respeito por eles, nem desejo real, nem instrução, e ainda menos que possam vir dar espetáculo para divertimento dos curiosos. O que não faziam quando vivos, não podem fazê-lo depois da sua morte.

40. A frivolidade das reuniões tem por resultado atrair os Espíritos levianos que não procuram senão ocasiões de enganarem e de mistificarem. Pela mesma razão que os homens graves e sérios não vão às assembleias levianas, os Espíritos sérios vão apenas às reuniões sérias, cujo objetivo é a instrução e não a curiosidade; é nas reuniões desse gênero que os Espíritos superiores gostam de dar seus ensinamentos.

41. Do que precede resulta que, toda reunião espírita, para ser proveitosa, deve, como primeira condição, ser séria e recolhida; que tudo deve se passar nela respeitosamente, religiosamente e com dignidade, se se quer obter o concurso habitual dos bons Espíritos. É preciso não esquecer que, se esses mesmos Espíritos aí se fizessem presentes quando vivos, ter-se-ia por eles considerações às quais têm ainda mais direito depois da sua morte.

42. Em vão se alega a utilidade de certas experiências curiosas, frívolas e divertidas, para convencer os incrédulos, é a um resultado muito oposto que se chega. O incrédulo, já levado a zombar das mais sagradas

crenças, não pode ver uma coisa séria naquilo do qual se faz um divertimento; não pode ser levado a respeitar o que não lhe é apresentado de maneira respeitável; também das reuniões fúteis e levianas, nas quais não há nem ordem, nem gravidade, nem recolhimento, ele leva sempre má impressão. O que pode, sobretudo, convencê-lo, é a prova da presença de seres cuja memória lhe é cara; diante de suas palavras graves e solenes, diante das revelações íntimas, é que se o vê emocionar-se e fraquejar. Mas, pelo fato de que há mais respeito, veneração, afeição pela pessoa cuja alma se lhe apresenta, ele fica chocado, escandalizado, de vê-la chegar a uma assembleia sem respeito, no meio de mesas que dançam e da pantomima dos Espíritos levianos; por incrédulo que seja, sua consciência repele essa mistura do sério e do frívolo, do religioso e do profano, por isso taxa tudo isso de charlatanice, e, frequentemente, sai menos convencido do que quando entrou.

As reuniões dessa natureza, fazem sempre mais mal do que bem, porque afastam da Doutrina mais pessoas do que a ela conduzem, sem contar que se prestam a motivar a crítica dos detratores, que nela encontram motivos fundados de zombaria.

# NOTA EXPLICATIVA

*"Hoje, creem, e sua fé é inabalável, porque assentada na evidência e na demonstração, e porque satisfaz à razão. [...]. Tal é a fé dos espíritas, e a prova de sua força é que se esforçam por se tornarem melhores, domarem suas inclinações más e porem em prática as máximas do Cristo, olhando todos os homens como irmãos, sem acepção de raças, de castas, nem de seitas, perdoando aos seus inimigos, retribuindo o mal com o bem, a exemplo do divino modelo." (KARDEC, Allan. Revista Espírita de 1868.1ª.ed. Rio de Janeiro: FEB, 2005. p. 28, janeiro de 1868.)"*

A investigação rigorosamente racional e científica de fatos que revelavam a comunicação dos homens com os Espíritos, realizada por Allan Kardec, resultou na estruturação da Doutrina Espírita, sistematizada sob os aspectos científico, filosófico e religioso.

A partir de 1854 até seu falecimento, em 1869, seu trabalho foi constituído de cinco obras básicas: "O Livro dos Espíritos" (1857), "O Livro dos Médiuns" (1861), "O Evangelho segundo o Espiritismo" (1864), "O Céu e o Inferno" (1865), "A Gênese" (1868), além da obra "O Que é o Espiritismo" (1859), de uma série de opúsculos e 136 edições da "Revista Espírita" (de janeiro de 1858 a abril de 1869). Após sua morte, foi editado o livro "Obras Póstumas" (1890).

O estudo meticuloso e isento dessas obras nos permite extrair conclusões básicas: a) todos os seres humanos são Espíritos imortais criados por Deus em igualdade de condições, sujeitos às mesmas leis naturais de progresso que levam todos, gradativamente, à perfeição; b) o progresso ocorre através de sucessivas experiências em inúmeras reencarnações, vivenciando necessariamente todos os segmentos sociais, única forma de o Espírito acumular o aprendizado necessário ao seu desenvolvimento; c) no período entre as reencarnações, o Espírito permanece no Mundo Espiritual, podendo comunicar-se com os homens; d) o progresso obedece às leis morais ensinadas e vivenciadas por Jesus, nosso guia e modelo, referência para todos os homens que desejam se desenvolver de forma consciente e voluntária.

Em diversos pontos de sua obra, o Codificador se refere aos Espíritos encarnados em tribos incultas e selvagens, então existentes em algumas regiões do Planeta, e que, em contato com outros polos de civilização, vinham sofrendo inúmeras transformações, muitas com evidente benefício para os seus membros, decorrentes do progresso geral ao qual estão sujeitas todas as etnias, independentemente da coloração de sua pele.

Na época de Allan Kardec, as ideias frenológicas de Gall e as da fisiognomonia de Lavater eram aceitas por eminentes homens de Ciência, assim como provocou enorme agitação nos meios de comunicação e junto à intelectualidade e à população em geral, a publicação, em 1859 – dois anos depois do lançamento de *O Livro dos Espíritos* – do livro sobre a *Evolução das Espécies*, de Charles Darwin, com as naturais incorreções e incompreensões que toda ciência nova apresenta. Ademais, a crença de que os traços da fisionomia revelam o caráter da pessoa é muito antiga, pretendendo-se haver aparentes relações entre o físico e o aspecto moral.

O Codificador não concordava com diversos aspectos apresentados por essas, assim chamadas, ciências. Desse modo, procurou avaliar as conclusões desses eminentes pesquisadores à luz da revelação dos Espíritos, trazendo ao debate o elemento espiritual como fator decisivo no equacionamento das questões da diversidade e desigualdade humanas.

Allan Kardec encontrou, nos princípios da Doutrina Espírita, explicações que apontam para leis sábias e supremas, razão pela qual afirmou que o Espiritismo permite "resolver os milhares de problemas históricos, arqueológicos, antropológicos, teológicos, psicológicos, morais, sociais, etc." (Revista Espírita, 1862, p. 401). De fato, as leis universais do amor, da caridade, da imortalidade da alma, da reencarnação, da evolução, constituem novos parâmetros para a compreensão do desenvolvimento dos grupos humanos nas diversas regiões do Orbe.

Essa compreensão das Leis Divinas permite a Allan Kardec afirmar que:

*"O corpo deriva do corpo, mas o Espírito não procede do Espírito. Entre os descendentes das raças apenas há consanguinidade." (O Livro dos Espíritos, item 207, p. 176).*

*"[...] o Espiritismo, restituindo ao Espírito o seu verdadeiro papel na Criação, constatando a superioridade da inteligência sobre a matéria, faz com que desapareçam, naturalmente, todas as distinções estabelecidas entre os homens, conforme as vantagens corporais e mundanas, sobre as quais só o orgulho fundou as castas e os estúpidos preconceitos de cor." (Revista Espírita, 1861, p. 432.)*

*"Os privilégios de raças têm sua origem na abstração que os homens geralmente fazem do princípio espiritual, para considerar apenas o ser material exterior. Da força ou da fraqueza constitucional de uns, de uma diferença de cor em outros, do nascimento na opulência ou na miséria, da filiação consanguínea nobre ou plebeia, concluíram por uma superioridade ou uma inferioridade natural. Foi sobre este dado que estabeleceram suas leis sociais e os privilégios de raças. Deste ponto de vista circunscrito, são consequentes consigo mesmos, porquanto, não considerando senão a vida material, certas classes parecem pertencer, e realmente pertencem, a raças diferentes. Mas se se tomar seu ponto de vista do ser espiritual, do ser essencial e progressivo, numa palavra, do Espírito preexistente e sobrevivente a tudo, cujo corpo não passa de um invólucro temporário, variando, como a roupa, de forma e de cor; se, além disso, do estudo dos seres espirituais, ressalta a prova de que esses seres são de natureza e de origem idênticas, que seu destino é o mesmo, que todos partem do mesmo ponto e tendem para o mesmo objetivo; que a vida corporal não passa de um incidente, uma das fases da vida do Espírito, necessária ao seu adiantamento intelectual e moral; que em vista desse avanço o Espírito pode sucessivamente revestir envoltórios diversos, nascer em posições diferentes, chega-se à consequência capital da igualdade de natureza e, a partir daí, à igualdade dos direitos sociais de todas as criaturas humanas e à abolição dos privilégios de raças. Eis o que ensina o Espiritismo. Vós que negais a existência do Espírito para considerar apenas o homem corporal, a perpetuidade do ser inteligente para só encarar a vida presente, repudiais o único princípio sobre o qual é fundada, com razão, a igualdade de direitos que reclamais para vós mesmos e para os vossos semelhantes." (Revista Espírita, 1867, p. 231.)*

*"Com a reencarnação, desaparecem os preconceitos de raças e de castas, pois o mesmo Espírito pode tornar a nascer rico ou pobre, capitalista ou proletário, chefe ou subordinado, livre ou escravo, homem ou mulher. De todos os argumentos invocados contra a injustiça da servidão e da escravidão, contra a sujeição da mulher à lei do mais forte, nenhum há que prime, em lógica, ao fato material da reencarnação. Se, pois, a reencarnação funda, numa lei da Natureza o princípio da fraternidade universal, também funda na mesma lei o da igualdade dos direitos sociais e, por conseguinte, o da liberdade. (A Gênese, cap. I, item 36, p. 42-43. Vide também Revista Espírita, 1867, p.373).*

Na época, Allan Kardec sabia apenas o que vários autores contavam a respeito dos selvagens africanos, sempre reduzidos ao embrutecimento quase total, quando não escravizados impiedosamente.

É baseado nesses informes "científicos" da época que o Codificador repete, com outras palavras, o que os pesquisadores europeus descreviam quando de volta das viagens que faziam à África negra. Todavia, é peremptório ao abordar a questão do preconceito racial:

*"Nós trabalhamos para dar a fé aos que em nada creem; para espalhar uma crença que os torna melhores uns para os outros, que lhes ensina a perdoar aos inimigos, a se olharem como irmãos, sem distinção de raça, casta, seita, cor, opinião política ou religiosa; numa palavra, uma crença que faz nascer o verdadeiro sentimento de caridade, de fraternidade e deveres sociais." (KARDEC, Allan. Revista Espírita de 1863 - 1ª.ed. Rio de Janeiro: FEB, 2005. - janeiro de 1863.)*

*"O homem de bem é bom, humano e benevolente para com todos, sem distinção de raças, nem de crenças, porque, em todos os homens, vê irmãos seus." (O Evangelho segundo o Espiritismo, Cap. XVII, item 3, p. 348)*

É importante compreender também, que os textos publicados por Allan Kardec na *Revista*

*Espírita* tinham por finalidade submeter à avaliação geral as comunicações recebidas dos Espíritos, bem como aferir a correspondência desses ensinos com teorias e sistemas de pensamento vigentes à época. Em Nota ao Capítulo XI, item 43, do livro *A Gênese*, o Codificador explica essa metodologia:

*"Quando, na Revista Espírita de janeiro de 1862, publicamos um artigo sobre a "interpretação da doutrina dos anjos decaídos", apresentamos essa teoria como simples hipótese, sem outra autoridade afora a de uma opinião pessoal controversível, porque nos faltavam, então, elementos bastantes para uma afirmação peremptória. Expusemo-la a título de ensaio, tendo em vista provocar o exame da questão, decidido, porém, a abandoná-la ou modificá-la, se fosse preciso. Presentemente, essa teoria já passou pela prova do controle universal. Não só foi bem aceita pela maioria dos espíritas, como a mais racional e a mais concorde com a soberana justiça de Deus, mas também foi confirmada pela generalidade das instruções que os Espíritos deram sobre o assunto. O mesmo se verificou com a que concerne à origem da raça adâmica." (A Gênese, Cap. XI, item 43, Nota, p. 292.)*

Por fim, urge reconhecer que o escopo principal da Doutrina Espírita reside no aperfeiçoamento moral do ser humano, motivo pelo qual as indagações e perquirições científicas e/ou filosóficas ocupam posição secundária, conquanto importantes, haja vista o seu caráter provisório decorrente do progresso e do aperfeiçoamento geral. Nesse sentido, é justa a advertência do Codificador:

*"É verdade que esta e outras questões se afastam do ponto de vista moral, que é a meta essencial do Espiritismo. Eis por que seria um equívoco fazê-las objeto de preocupações constantes. Sabemos, aliás, no que respeita ao princípio das coisas, que os Espíritos, por não saberem tudo, só dizem o que sabem ou o que pensam saber. Mas como há pessoas que poderiam tirar da divergência desses sistemas uma indução contra a unidade do Espiritismo, precisamente porque são formulados pelos Espíritos, é útil poder comparar as razões pró e contra, no interesse da própria doutrina, e apoiar no assentimento da maioria o julgamento que se pode fazer do valor de certas comunicações." (Revista Espírita, 1862, p. 38.)*

Feitas essas considerações, é lícito concluir que na Doutrina Espírita vigora o mais absoluto respeito à diversidade humana, cabendo ao Espírita o dever de cooperar para o progresso da Humanidade, exercendo a caridade no seu sentido mais abrangente *("benevolência para com todos, indulgência para as imperfeições dos outros e perdão das ofensas")*, tal como a entendia Jesus, nosso Guia e Modelo, sem preconceitos de nenhuma espécie: de cor, etnia, sexo, crença ou condição econômica, social ou moral.

**A Editora**

# IDE | Conhecimento e educação espírita

No ano de 1963, Francisco Cândido Xavier ofereceu a um grupo de voluntários o entusiasmo e a tarefa de fundarem um periódico para divulgação do Espiritismo. Nascia, então, o Instituto de Difusão Espírita - IDE, cujos nome e sigla foram também sugeridos por ele.

Assim, com a ajuda de muitas pessoas e da espiritualidade, o Instituto de Difusão Espírita se tornou uma entidade de utilidade pública, assistencial e sem fins lucrativos, fiel à sua finalidade de divulgar a Doutrina Espírita, por meio de livros, estudos e auxílio (material e espiritual).

Tendo como foco principal as obras básicas de Allan Kardec, a preços populares, a IDE Editora possui cerca de 300 títulos, muitos psicografados por Chico Xavier, divulgando-os em todo o Brasil e em várias partes do mundo.

Além da editora, o Instituto de Difusão Espírita também se desenvolveu em outras frentes de trabalho, tanto voltadas à assistência e promoção social, como o acolhimento de pessoas em situação de rua (albergue), alimentação às famílias em momento de vulnerabilidade social, quanto aos trabalhos de evangelização infantil, mocidade espírita, artes, cursos doutrinários e assistência espiritual.

Ao adquirir um livro da IDE Editora, além de conhecer a Doutrina Espírita e aplicá-la em seu desenvolvimento espiritual, o leitor também estará colaborando com a divulgação do Evangelho do Cristo e com os trabalhos assistenciais do Instituto de Difusão Espírita.

# leia estude pratique

Conheça mais sobre
a Doutrina Espírita
por meio das obras de
**Allan Kardec**

*Espírita* tinham por finalidade submeter à avaliação geral as comunicações recebidas dos Espíritos, bem como aferir a correspondência desses ensinos com teorias e sistemas de pensamento vigentes à época. Em Nota ao Capítulo XI, item 43, do livro *A Gênese*, o Codificador explica essa metodologia:

> *"Quando, na Revista Espírita de janeiro de 1862, publicamos um artigo sobre a "interpretação da doutrina dos anjos decaídos", apresentamos essa teoria como simples hipótese, sem outra autoridade afora a de uma opinião pessoal controversível, porque nos faltavam, então, elementos bastantes para uma afirmação peremptória. Expusemo-la a título de ensaio, tendo em vista provocar o exame da questão, decidido, porém, a abandoná-la ou modificá-la, se fosse preciso. Presentemente, essa teoria já passou pela prova do controle universal. Não só foi bem aceita pela maioria dos espíritas, como a mais racional e a mais concorde com a soberana justiça de Deus, mas também foi confirmada pela generalidade das instruções que os Espíritos deram sobre o assunto. O mesmo se verificou com a que concerne à origem da raça adâmica." (A Gênese, Cap. XI, item 43, Nota, p. 292.)*

Por fim, urge reconhecer que o escopo principal da Doutrina Espírita reside no aperfeiçoamento moral do ser humano, motivo pelo qual as indagações e perquirições científicas e/ou filosóficas ocupam posição secundária, conquanto importantes, haja vista o seu caráter provisório decorrente do progresso e do aperfeiçoamento geral. Nesse sentido, é justa a advertência do Codificador:

> *"É verdade que esta e outras questões se afastam do ponto de vista moral, que é a meta essencial do Espiritismo. Eis por que seria um equívoco fazê-las objeto de preocupações constantes. Sabemos, aliás, no que respeita ao princípio das coisas, que os Espíritos, por não saberem tudo, só dizem o que sabem ou o que pensam saber. Mas como há pessoas que poderiam tirar da divergência desses sistemas uma indução contra a unidade do Espiritismo, precisamente porque são formulados pelos Espíritos, é útil poder comparar as razões pró e contra, no interesse da própria doutrina, e apoiar no assentimento da maioria o julgamento que se pode fazer do valor de certas comunicações." (Revista Espírita, 1862, p. 38.)*

Feitas essas considerações, é lícito concluir que na Doutrina Espírita vigora o mais absoluto respeito à diversidade humana, cabendo ao Espírita o dever de cooperar para o progresso da Humanidade, exercendo a caridade no seu sentido mais abrangente *("benevolência para com todos, indulgência para as imperfeições dos outros e perdão das ofensas")*, tal como a entendia Jesus, nosso Guia e Modelo, sem preconceitos de nenhuma espécie: de cor, etnia, sexo, crença ou condição econômica, social ou moral.

**A Editora**

# IDE | Conhecimento e educação espírita

No ano de 1963, Francisco Cândido Xavier ofereceu a um grupo de voluntários o entusiasmo e a tarefa de fundarem um periódico para divulgação do Espiritismo. Nascia, então, o Instituto de Difusão Espírita - IDE, cujos nome e sigla foram também sugeridos por ele.

Assim, com a ajuda de muitas pessoas e da espiritualidade, o Instituto de Difusão Espírita se tornou uma entidade de utilidade pública, assistencial e sem fins lucrativos, fiel à sua finalidade de divulgar a Doutrina Espírita, por meio de livros, estudos e auxílio (material e espiritual).

Tendo como foco principal as obras básicas de Allan Kardec, a preços populares, a IDE Editora possui cerca de 300 títulos, muitos psicografados por Chico Xavier, divulgando-os em todo o Brasil e em várias partes do mundo.

Além da editora, o Instituto de Difusão Espírita também se desenvolveu em outras frentes de trabalho, tanto voltadas à assistência e promoção social, como o acolhimento de pessoas em situação de rua (albergue), alimentação às famílias em momento de vulnerabilidade social, quanto aos trabalhos de evangelização infantil, mocidade espírita, artes, cursos doutrinários e assistência espiritual.

Ao adquirir um livro da IDE Editora, além de conhecer a Doutrina Espírita e aplicá-la em seu desenvolvimento espiritual, o leitor também estará colaborando com a divulgação do Evangelho do Cristo e com os trabalhos assistenciais do Instituto de Difusão Espírita.

**www.idelivraria.com.br**